JN334605

輝くサードエイジへ

……シニア世代の羅針盤

書き込み式

九州シニアライフアドバイザー協会編

石風社

はじめに

～新しいシニア世代の皆さまへ～

私たちの生活環境は時代の流れと共に、大きく変化しております。

これまで「シニア世代」とか「セカンドライフ」という言葉で漠然として捉えていました人生後半の生き方を、時代に即した少子高齢化社会の中で考え、見直してみる必要があります。定年を迎える前に人生設計を考え、定年後は自らの生き方に合ったライフスタイルを確立して夢の実現を図りたいものです。

平均寿命も男女ともども年々長くなっており、退職後の長い時間を充実し、心安らかに過ごすためにはどうすればいいか。「自立」と「生きがい」を自分の手で創造し、健康な生活を送っていくためにはどうしたらいいものか。

このノートは、これからの長い航海のための「マップ＝海図」を作るための「私のノート」として作成いたしました。このノートに一人ひとりが自分の考えで書き込み、また夫婦二人で確認しあうことで新しい世界が見えてくるのではないでしょうか。

●4つの時代

私たちの人生は大きく分けて4つの時代が考えられます。

1. **ファーストエイジ** 家庭や学校によって育てられる時代です。知識を学び将来への夢や希望を持つ、いわば青春期であります。喜びや悲しみを体験しながら大きく成長していく時代です。
2. **セカンドエイジ** 社会人として仕事に取り組み、家庭を築いて子供達を育てていきます。経済的にも人格的にも切磋琢磨の時代です。人生における物心両面での財産形成期でもあります。
3. **サードエイジ** 定年を迎える時の境遇により、さまざまな選択肢があります。今の仕事を継続するか、新たな仕事に取り組むか、今まで暖めていた自分の夢を実現するか、人生の収穫期です。
4. **フォースエイジ** 自分の夢もある程度実現した上で生涯学習をさらに深め、自らの人生を次世代に残していくために自分なりのメッセージをまとめていく人生の集大成の時期です。

●ノートの内容

さて本書の内容について概略説明いたします。

まず序章は定年を迎える時の諸手続きをまとめています。セカンドエイジの後半の方はここからチェックを始めてください。

第1章は「サードエイジのライフプラン」として定年後、新しい人生のステージを迎えられる方が健康や経済的な問題を見直し、これからの人生の「生きがい」を創造していくためのライフチャートの作成です。具体的には「夢の設計プラン」と「お金の流れ」を明確にするための生涯プランの作成です。

人生のイベントは大切にしたいものです。家族のお祝いから別れまで、予測できるものも含めて正確に把握しておきたいものです。
　この時期をできるだけ元気で充実して生きることが「輝くサードエイジ」の基本です。
　第2章は「愛する人へのメッセージ」として「フォースエイジ」を迎えた時にやるべき身の回りの整理であり、残された人へのメッセージの作成です。まず自分の人生を振りかえって、自らの記録を作ってください。「私のプロフィール」から始めましょう。
　伴侶を失い一人になっても安心して生活できるための制度を知ることも必要であり、夫婦で残された人生を二人で考えていくことも大切です。
　人生の終末を自覚した時、残された家族に自分の財産の処理や葬儀についての希望を明確に伝えるための内容としました。
　人生には限りがありますが、その日が何時来るのかわかりません。何時の日か自分のメッセージが家族や友人に確実に届くように、「私のプロフィール」から「財産目録」まで自分の気持ちと現状について率直に記入してください。

　本書を手にされた方は、今自分が必要とする所から記入して下さい。これからの「人生設計ノート」として、あるいはこれまでの「人生の整理ノート」としてお使いください。
　お一人の方は「私のノート」として、ご夫婦で記入される方は「家族ノート」として残してください。
　人生には修正もあります。その時は書き直せばよいのです。あなたの「生涯ノート」として大切にしていただければ幸いです。

　このノートは内閣府所管の（財）シニアルネサンス財団認定の資格を有する九州シニアライフアドバイザー協会の会員が、生涯現役の場やボランティア活動で培った経験と知恵を出し合ってまとめました。
　皆さまがこれからの人生を元気で心安らかに生きるためのヒントが、数多くあるのではないかと思います。
　シニア世代の羅針盤として活用され、皆さま方お一人おひとりのマップ＝海図を作成してください。
　「セカンドエイジ」から「サードエイジ」へ、そして琥珀色した「フォースエイジ」を迎えるために、自分なりに設計し、充実した人生になるようチャレンジされますことを切望いたします。

　Senior citizens be ambitious！　シニアよ　大志を抱け！

九州シニアライフアドバイザー協会

もくじ

はじめに 2

序章 セカンドエイジからサードエイジへ 5

第1章 サードエイジのライフプラン 9
1. サードエイジの生活を考えてみましょう 9
2. 今までの生活を見直してみましょう 10
3. サードエイジの設計図を考えてみましょう 15
　（1）夢の設計プラン 1〜10 15
　（2）夢の設計プラニング・ノート 19
4. 生涯プランを立ててみましょう 20
　（1）サードエイジのイベント 20
　（2）我が家の生涯プラン（イベント・夢の実現設計図） ... 22
　（3）我が家のキャッシュフロー表の記入方法 24
　（4）我が家のキャッシュフロー表 29
5. サードエイジからフォースエイジへ 31

第2章 愛する人へのメッセージ 33
1. フォースエイジの生活を考えてみましょう 33
2. 私のプロフィール 34
3. 私の安心 42
　（1）成年後見制度と地域福祉権利擁護事業の利用 42
　（2）介護について 45
4. 人生の終末の時の希望 48
　（1）終末医療について 48
　（2）臓器提供について 49
　（3）葬儀について 50
　（4）もしもの時の連絡先 55
　（5）形見分けリスト 57
　（6）遺言について 58
5. 財産目録 62
　（1）資産と負債の合計 62
　（2）資産（預貯金〜会員権） 63
　（3）負債 68
6. 困った時はここに相談してみよう 69

あとがき 71

序章 セカンドエイジからサードエイジへ

　私たちの人生を考える時、この世に誕生し、育てられる時期である「ファーストエイジ」においては、知識を吸収し、学生生活を経て社会に出てまいります。就職し、自立した生活を営む「セカンドエイジ」では、仕事に取り組み、家庭を築き、子育てを行う激動の人生があります。

　やがて、定年により、「サードエイジ」を迎え、そして「フォースエイジ」といわれる人生の円熟期を迎えます。

　この**「輝くサードエイジへ」**は、人生の折り返しの時期を迎えられた皆様に贈る、水先案内人のような本であり、自分自身の生き方を記録するノートであります。「サードエイジ」を迎えるに当たって、定年後の年金、雇用保険、税金、医療保険等の諸手続きを確実に行い、それぞれの「サードエイジ」を輝けるものとしてください。

◎定年前後からの諸手続き

項目	確認内容	確認
年金	**1. 国民年金** (1) 国民年金（基礎年金）には、原則として20歳以上、60歳未満の全国民が加入することになっています。老齢基礎年金を受給するには、「受給資格期間」が25年以上必要です。 (2) 「受給資格期間」には、中高年の特例など、期間を短縮できる特例があります。また、サラリーマンの配偶者（第3号被保険者）や学生に関する「カラ期間」（受給資格期間に数えても年金額に反映しない合算対象期間）も留意して試算してください。 (3) 「受給資格期間」が25年に満たない、60〜64歳までは「任意加入」、65〜69歳までは「高齢者任意加入」ができます。 (4) 基礎年金の支給開始は65歳からですが、希望すれば60歳から「繰り上げ支給」ができます。但し年金額が少なくなりますので注意しましょう。	☐
	2. 厚生年金・共済年金 (1) 厚生年金を受給するためにも、上記の「受給資格期間」が必要です。 (2) 転職を繰り返された方、早期に会社を辞められ独立された方、再就職された女性の方などは、年金手帳などで加入履歴を必ずチェックし、よくわからない場合は社会保険事務所におたずねください。 (3) 厚生年金の支給開始年齢は65歳ですが、60歳から「特別支給の老齢厚生年金」が支給されます。この厚生年金は、報酬比例部分と定額部分に分かれており、支給開始年齢は段階的に引き上げられます。	☐

年金	定額部分は昭和24年4月2日以降に生まれた人には支給されません（女性は昭和29年4月2日以降）。報酬比例部分の支給開始年齢も、平成25年から平成37年にかけて、段階的に引き上げられます。 (4) 厚生年金も60歳から「繰り上げ支給」ができます。 (5) 厚生年金に20年以上加入した場合、65歳未満の配偶者また18歳未満の子供がいる場合は「加給年金」という手当がプラスして支給されます。配偶者が65歳になると、加給年金は振替加算として、配偶者の基礎年金にプラスされます。 (6) 企業年金（厚生年金基金、適格退職年金）についても、勤務先で内容を確認し、退職時に請求手続きを行ってください。 3. 年金の請求手続き (1) 58歳になるとこれまで加入した厚生年金の加入記録（年金加入記録照会票）が送られてきます。記録に誤りがないと判断したら、同封のはがきを返送します。その際、年金額を知りたければその旨申し出れば、後日年金額の記録が送付されます。社会保険事務所でも記録がわかります。 (2) これから厚生年金を受給する人に、60歳の誕生日3ヶ月前に、「裁定請求書」が届きます。この「裁定請求書」を勤務していた事業所を管轄する社会保険事務所に提出します。（最後に加入していたのが国民年金の場合は、住所地を管轄する社保事務所に、国民年金のみに加入していた場合は、市区町村に提出） (3) 年金は偶数月に2ヶ月分まとめて支給されます。年金の請求が遅れても、5年前まではさかのぼって支給されます。 4. 在職老齢年金 　60歳になっても働き続ける場合、もらう給与の額によって、年金が減額される場合があります。この場合の給与の基準は、65歳未満が28万円、65歳以上が48万円です。 ＊年金についてよくわからない場合は、全国共通の「年金ダイヤル」0570-05-1165にご相談ください。
雇用保険	1. 企業に働く大多数の人は、雇用保険の被保険者です。被保険者は、定年退職者、自己都合退職者は「一般受給資格者」として基本手当が受給できます。倒産や解雇などの場合は「特定受給資格者」となります。 2. 受給のための条件は以下の通りです。(1)離職日以前の2年間に、被保険者期間が12ヶ月以上(各月11日以上)あること。(2)再就職の意思があり、積極的に就職活動をしていること。(3)離職後、居住地域のハローワークに求職の申し込みをしていること。以上の3点です。 3. 支給される基本手当(日額)は退職前6ヶ月間の賃金で決定され、基本手当の給付日数は被保険者であった期間や離職理由、離職日の年齢により異なってきます。20年以上勤務した「一般受給資格者」の給付日数は150日、「特定受給資格者」は60歳以上は240日となっています。

雇用保険	4．基本手当の受給期間は、原則として退職後1年間です。基本手当の支給を希望する場合は、退職後、できるだけ早くハローワークで受給手続きを行ってください。 5．基本手当が支給されている間は、公的年金は支給が停止されます。 6．60歳から65歳までの間に再就職した場合や、継続して働いていた場合、給与が60歳のときより低下すると、一定の条件により「高年齢雇用継続基本給付金」や「高年齢再就職給付金」が支給されます。 7．ハローワークを通して公共職業訓練を受けると、所定給付日数以上の基本手当を受給できる場合もあります。 8．簿記検定や、社会保険労務士等能力を向上させるため厚生労働大臣指定の教育訓練を終了すれば、訓練に要した経費の20％（上限10万円）〜40％（上限20万円）が被保険者期間により支給されます。
税金	1．退職金にかかる所得税 　一定額以上の退職金には所得税、住民税がかかります。 ⑴　税金の額は、「課税対象額」に「税率」を掛けたものです。 ⑵　「課税対象額」は、以下のように、支給された退職金から「退職所得控除額」を差し引いたものです。 　　　課税対象額＝(退職金－退職所得控除額)×1/2 ⑶　「退職所得控除額」は、以下のように計算します。 　　勤続年数20年以下　　　40万円×勤続年数(最低80万円) 　　　〃　　20年超　　　　800万円+70万円×(勤続年数－20年) 　仮に30年間勤務した場合、1500万円[800万円＋(70万円×10年)]を退職金から差し引いた金額の1/2が「課税対象額」になります。 ⑷　「税率」は変わることがありますので、国税庁などのホームページで確認してください。なお、この税金は、他の所得とは合算しない分離課税です。 2．勤務先から税務署に「退職所得の受給に関する申告書」が提出されていれば、退職金の確定申告は不要です。 3．住民税 　住民税は前年の所得を基本に計算されます。退職した翌年は住民税が高額になる場合がありますので十分注意してください。また、年度の途中で退職した場合、前年度の所得にかかる住民税を納付する必要があります。 4．年金に関する税金 　老齢年金の年金額が65歳未満の方は108万円以上（65歳以上の方は158万円以上）の方は「扶養親族等申告書」を提出していただく必要があります。 5．退職をした翌年は、確定申告により、多くの方は税金の還付を受けることができます。

医療保険	1．退職後、医療保険の適用を受けるには、次の方法があります。	
	(1) 健康保険制度に加入している会社に再就職して、新たに健康保険の被保険者になる。	☐
	(2) 退職まで加入していた健康保険の「任意継続被保険者」になる。継続して2ヶ月以上在職中に健康保険に加入していた条件が必要。最長2年まで加入できます。但し、退職後20日以内に手続きを行うことが必要。保険料は全額自己負担ですが、退職時の標準報酬月額×保険料率、もしくは加入者の平均的負担額のいずれか低額の方となっています。	☐
	(3) 厚労大臣認可の「特定健康保険組合」の組合員であった場合で、加入条件は組合によって異なりますが厚生年金の加入期間が20年以上または40歳以降10年以上あり、公的年金の受給権がある場合は、その組合の「特例退職被保険者」となることができます。年金証書が届いてから3ヶ月以内に手続きを行なわねばなりません。加入期間は一般的に75歳未満です。保険料は上記 (2) とほぼ同条件で全額自己負担となります。	☐
	(4) 健康保険の被保険者である配偶者や子どもの被扶養者となる。但し、本人の年収が130万円未満（60歳以上、または3級程度の障害者の場合は180万円未満）、かつ被保険者の年収の1/2未満等の制約があります。 退職してから5日以内に手続きを行う。保険料なしのメリットがありますがよく条件の確認をしてください	☐
	(5) (1)〜(4)に該当しない場合、国民健康保険に加入する。退職してから14日以内に「健康保険資格喪失証明書」等の書類を市区町村の窓口に提出してください。	
	2．退職した時点で健康保険の傷病手当金を受給している場合は、1年以上被保険者期間があれば、法定の期間の終了まで受給することができます。	
	3．高額療養費 支払った医療費が高額となった場合、高額医療費が支給されます。 一般的な収入がある人の場合、70歳未満で約8万円以上、70歳以上で約4万5千円以上の医療費を支払う場合が高額療養費の支給対象となります。	☐
	4．70歳以上の医療費の負担 70歳〜74歳の方の医療費の負担は、平成18年より、現役並みの所得のある人は3割負担となっています。一般の人は、平成20年4月から2割負担となりますが1年間1割に据え置かれます。 また、75歳以上の高齢者を対象にした後期高齢者（長寿）医療制度が平成20年4月より創設され、世帯単位ではなく、一人ひとりが被保険者となり、それぞれ保険料を負担します。他の被保険者の被扶養者となることはできません。詳しくは、お住いの市区町村へお問い合わせください。	☐
	5．一般的には、支払った医療費が1年間で10万円を超えると、確定申告の医療費控除の対象になります。医療費の領収書は大切に保管しておいてください。	☐

第1章

サードエイジのライフプラン

1. サードエイジの生活を考えてみましょう

　今から数年で定年を迎える人や、すでに定年を迎えた方々にとって、「自分の残りの人生をどのようにして生きていくか」、ということが大きなテーマになります。「輝くサードエイジ」を過ごすためには、まず「何から取り組むか」ということが、大切な問題と思われます。

　高齢者人口（65歳以上）の年代構成は、20％を超えてきましたが、出生率は低下傾向にあり、2055年の高齢者人口の見込みは40％と予想され、ますます少子高齢化社会が鮮明となってきました。

　当然ながら、日本経済や、社会福祉制度への影響は大きく、労働力確保のため、高齢者、女性、外国人の活用は喫緊の問題で、年金制度、介護制度等の見直しがさらに必要となってきます。

　高齢者人口の年代構成が20％から40％になるということは、別の見方をすれば、それだけ高齢者の日本の政治、経済に対する影響力は大きくなり、社会的責任も増大するということになります。

　つまり昔のご隠居の晴耕雨読のような生活だけではなく、もっと積極的に社会に関わっていく生き方が求められてきます。

　平成19年度よりいよいよ700万人といわれる団塊世代の大量退職が始まりました。高度な技術を持った熟練工や日本経済の中核を担ってきたビジネスマンが退職してまいります。技術やノウハウに対して各企業の再雇用も段階的に進められています。

　また多くの自由時間を持った退職者が従来のタテ社会からヨコ社会である家庭や地域で新たな生活を開始いたします。「人生の旬」であるこの時期を元気に生きていくためにサードエイジのライフプランが大切であります。

　社会問題として熟年離婚や家庭崩壊の現象も増加しております。また高齢者の介護問題は介護を行う人、介護を受ける人の双方にとって、経済的にも体力的にも大きな問題であります。

　これからは地域における社会人、配偶者と向きあう家庭人として、さまざまな対応が必要になってまいります。

　充実したサードエイジを過ごすためのキーポイントは、
① 健康…………心身ともに健康であることがすべての土台
② 経済…………安定した暮らしを裏づける収支計画
③ 生きがい……趣味、ボランティア、新たなるビジネス、生涯学習など
にあります。

　サードエイジからフォースエイジまで元気に生きていくには、「健康」、「経済」、「生きがい」この3点から日々の生活を考えていくことが大切です。

2. 今までの生活を見直してみましょう

　サードエイジのライフプランを作成するためには、自分自身の生活の見直しが必要です。
　「私のライフチャート」を作って、今までの生活を見直してみましょう。

（1）私のライフチャート

　はじめに「今の自分を知る」ための質問に、今までの生活を思い浮かべながら正直に生活の実態を記入してみましょう。
　当てはまると思ったら番号にチェックをいれて下さい。
　合計値欄には○の数を記入して、質問が終わったら、チャートをつくります。

① 　健康面　　　（合計値　　　　点）

1. □ 喫煙はしていない。
2. □ アルコールは週に2回以上の休肝日を設けている。または飲酒量は適量である。
3. □ 塩分を取り過ぎないように気をつけている。
4. □ ジョギングかウォーキングを習慣的に続けている。（1日1万歩以上を目指す）
5. □ ＢＭＩ（体重÷身長÷身長）が25以下である。
6. □ メタボリックシンドローム診断基準値以下である。（下記4項目の内3項目以上なら○）
   　① 　へそまわり（内臓脂肪の蓄積）周囲径は、男性85cm以下、女性90cm以下。
   　② 　中性脂肪値（トリグリセリド）150mg/dl以下、
   　　　　ＨＤＬコレステロール（善玉コレステロール）値40mg/dl以上。
   　③ 　血圧の数値範囲は、最小(拡張期)85～最大(収縮期)130mmHg。
   　④ 　空腹時血糖値110mg/dl以下。
   　※①腹部肥満、②高脂血症、③高血圧、④高血糖につきましては、40歳～74歳の方は、特定健診が
   　　平成20年4月より開始されます。
7. □ 朝昼晩とも、バランスのとれた食事を取っている。
8. □ 睡眠時間は、充分で快眠である。
9. □ 便秘症ではなく、快便である。
10. □ ストレス解消に気をつけ、ストレスをできる限り貯めない様に心がけている。
11. □ 生活習慣病についての知識があり、その予防に努めている。
12. □ ホームドクターに気軽に健康相談をしている。
13. □ 人間ドックや健康診断を年1回は定期的に受けている。
14. □ 介護保険の内容など福祉サービスについてある程度詳しい知識がある。
15. □ 家族の健康状態についても把握し、病気の予防に協力している。

② 経済面　　（合計値　　　点）

1. □ 現在のわが家の1ヶ月の生活費とその内容、年間の総額を知っている。
2. □ また、その家計管理は家計簿等で記録している。
3. □ 配偶者と定年から老後に至る収入と生活費が年齢とともにどうなるか話し合い、その内容についてある程度把握している。
4. □ 退職金の使途を検討しており、厚生年金、国民年金、企業年金等の額やその内容を把握している。
5. □ また、配偶者の年金やもしものときの遺族年金についても勉強している。
6. □ わが家の資産と負債についてその内容や額を把握しており、記録している。
7. □ また、資産などの相続や被相続について、検討したことがある。
8. □ 高額商品の購入や車の買替え、また家の改築等計画等を検討している。
9. □ 加入している生命保険や損害保険の保険料や保証内容の見直しを行っている。
10. □ 国民健康保険や介護保険について、保険料とその内容を知っている。
11. □ 確定申告を毎年行い、所得税、住民税、固定資産税等について自分なりに把握している。
12. □ 預貯金、株式、国債、投資信託等の金融商品についてある程度の知識がある。
13. □ 不動産についての知識はある方だ。
14. □ 入院費用、介護費用、葬儀費用などの備えは一応できている。
15. □ 自分は倹約家だと思う。

③ 生きがい面　　（合計値　　　点）

1. □ 明確な自分の人生の目的や目標を持っている。
2. □ 年齢や肩書きを意識しないで、いろんな人と積極的につきあえる方である。
3. □ 社会の動きや経済状況に興味があり、新聞や本をよく読む方である。
4. □ 何にでも興味があり、新しいことにチャレンジする意欲はある方である。
5. □ 何事にも感謝する気持ちを持っていると思う。
6. □ 退職後も使える公的な資格を持っている。
7. □ 退職後も生かせる人間関係や人脈を持っている。
8. □ 取り組んでいる趣味やスポーツがあり、退屈することはない。
9. □ ボランティア活動に参加しているか、興味がある。
10. □ 働く機会があり、自分に適した仕事であれば前向きに取り組む。
11. □ 配偶者や家族とよく話をし、共通の趣味や娯楽がある。
12. □ 家事（炊事、洗濯、掃除、買い物等）を手伝っている。
13. □ 自治会や町内会の活動には積極的に参加している。
14. □ 地域の福祉活動や文化活動にも参加しようと思っている。
15. □ 退職後の自由時間の使い方について、いろいろと計画している。

（2）ライフチャートを作ってみましょう。

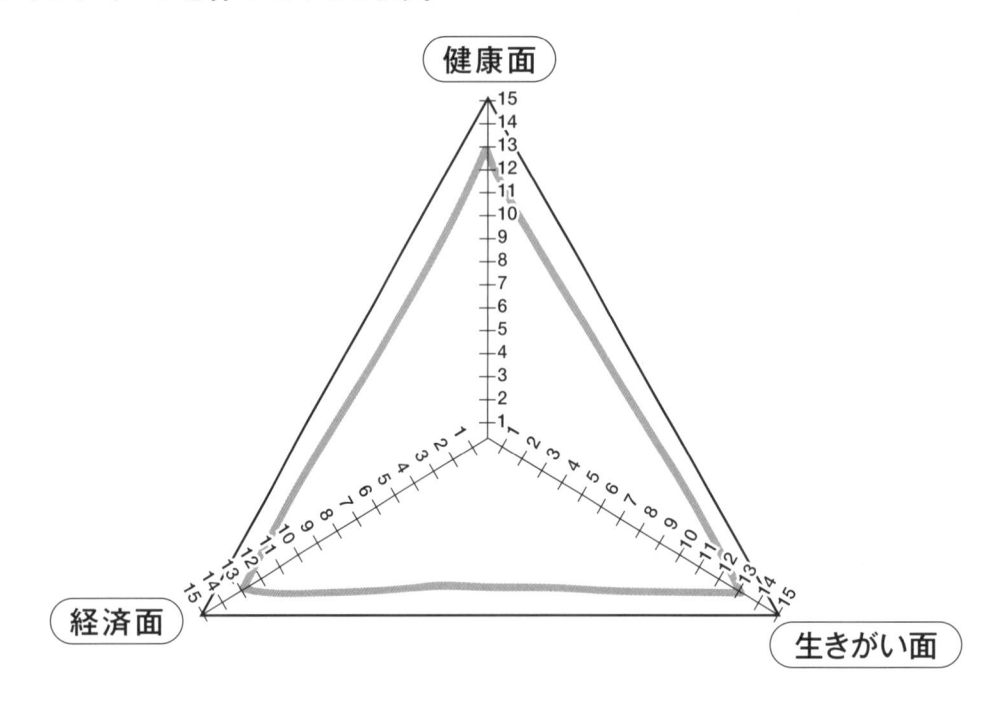

```
           健康面
            15
            14
            13
            12
            11
            10
             9
             8
             7
             6
             5
             4
             3
             2
             1
経済面                  生きがい面
```

◎ライフチャート分析

　ライフチャートを記入して、今までの生活や今の自分がある程度把握できたことと思います。

　サードエイジは、仕事人生から、自由に選択ができる人生へと新しいライフスタイルに変わる時です。

　ポイントは我が家流のライフスタイルの確立です。

【総　　評】……満点（45点）に対しどれぐらいになりましたか？

☆**合計点数20点までの方**…………………**40％達成**　　（各項目0～7点まで）

　まずは、健康を維持しながら自分の興味関心のあるところから、しっかりとアンテナを張って暮らしをスタートさせましょう。小さなことから始めましょう。自分の暮らしぶりに不安な時は、友人や身近な地域の方々、各種のボランティア活動をしておられる方にシニアのさまざまな生き方についてアドバイスを求めるのも一つの方法です。

☆**合計点数21点～30点までの方**………**60％以上達成**（各項目8～10点まで）

　地域での我が家流のライフスタイルを見いだしつつあるあなた、より自分の暮らしにあった情報を活用して、日々の暮らしに生かしていきましょう。地域でのネットワーク作りなどへも積極的に参加して、地域社会での交流を深めて、心の財産を増やしていきましょう。

☆**合計点数30点以上の方**………………**80％以上達成**（各項目10～15点まで）

　サードエイジを謳歌しているあなた、今の自分に満足することなくさらに「知りたいこと」や「実行したいこと」の目標のレベルアップを図り、元気に挑戦を続けましょう。

　知的好奇心をさらに深めて、常に「心のビタミン補給」を忘れないようにしましょう。

(3) 生活の改善の目標を立ててみましょう。

ライフチャートの分析結果により改善点が把握できたと思います。健康面、経済面、生きがい面から見直し、当面実行する改善項目に着手しましょう。

80％以上を達成できておられる方は「サードエイジの設計図」（p.15）を考えてみましょう。

① 健康面

元気で毎日の生活が送れることが基本です。健康診断を受け、治療の必要な方はホームドクターや専門医に見てもらって治療されることが大切です。

生活習慣病で改善すべき項目は日常生活の中で改善計画をたてて実行してください。

全年齢別死亡順位は、がん、心臓疾患、脳血管疾患となっております。これらは生活習慣病に基因するものであり、配偶者と年1回の定期健康診断はサードエイジの必須項目であります。

規則正しい生活は「早寝」「早起き」「朝ごはん」といわれています。快適な朝を迎え、適当な運動は大切です。「1日1万歩」を目標に筋肉の老化を防ぎましょう。バランスのとれた食事の積み重ねを心がけましょう。

② 経済面

まず収入と支出の実態を把握することが必要です。定年前からでも最寄りの社会保険事務所に行けば、貴方の年金受け取り金額はわかります。退職された方は退職金の受け取り方によって一括か適格退職年金で受け取るか、また受け取る期間も退職時に選択されていると思います。

国民年金、厚生年金（共済年金）、企業年金、個人年金（定額年金、変額年金）、また配偶者の方の年金等、「年金」は定年後の生活の基盤です。年金記録に問題があれば年金手帳や領収書等で再確認を社会保険事務所で行なってください。

後ほど「我が家のキャッシュフロー」（p.29）について細かく検討はいたしますが、退職後の再就職をするかどうかによって変わります。我が家の生活実態を考えて保険や預貯金の見直しも検討してみてください。

③ 生きがい面

「サードエイジ」の方と「フォースエイジ」の方とは、人生の考え方や、チャレンジ目標も異なっています。今あなたが退職後であれば、会社生活から、地域や家庭を中心としたライフスタイルであり、従来よりは、考える時間も多くあります。これからの人生設計として「サードエイジの設計図」にてあなたの夢の実現目標を具体的に提案していますのでじっくり考えてみてください。

また退職前から自分流でやりたいことをすでに決めておられる方は「サードエイジの設計図」を参考にされて「初志貫徹」具体的にその目標に向かって頑張ってください。

「フォースエイジ」の方は、自分の計画や夢がどの程度実現できたかを見直され、生活環境の変化に合わせて家族と話し合い、自己実現の集大成としてまとめてください。第2章（愛する人へのメッセージ）では、晩年の直面する諸問題につきましても提案していますので「エンディング・ノート」としてご活用ください。

④ 現状の改善目標

健康管理で何をやるか、資金の裏づけはどうか、生きがいを何に求めるか「ライフチャート」の分析結果に基づき、当面の改善目標を記入してみましょう。

	目　　標	達成期間	達成方法
健康面			
経済面			
生きがい面			

【具体例】

①減量5kgに挑戦！　1年間で達成！　毎朝のウォーキングと食事を見直す。

②たばこを止める！　明日から禁煙！

③100万円の手持ち資金で投資信託を買ってみる。証券会社に行く。

④我が家のリフォームを検討する。必要資金、時期、どの程度行うか検討する。

⑤スポーツ同好会に入会する。3ヶ月で探す。

⑥ボランティアの啓発講座に出席する。3ヶ月以内！

日常生活の改善点や短期の目標が検討できましたら、次頁からの「サードエイジの設計図」に着手してみましょう。

3. サードエイジの設計図を考えましょう

「サードエイジ」では多彩な生き方が可能です。元気な生活が送れる健康面、安定した経済面の確認ができましたら、いよいよ「自己実現」を図っていきます。生きがいを求め、「夢の実現」を図っていくことが「輝くサードエイジ」の基本です。

「夢の設計プラン」を10項目挙げてみました。これらの生き方の中から自分に合ったものをいくつか選んでください。そして具体的に自分なりの設計図を考え、「夢の実現目標」を決めてみましょう。

(1) 夢の設計プラン （1～10プランの中から実現目標をチェックしましょう。）

夢の設計プラン	ライフスタイル	実現目標
(1) 住居をどうするか 現在住んでいる場所を中心にするかどうか。 リフォームか新天地を求めるか「終の棲家」は人数、年齢、健康状態等をよく考えて決定してください。	◎都会でのマンションライフは便利な都市での生活拠点をベースに文化、芸術、学習、スポーツの場を持ち、ショッピングや新しい文化を享受し、多彩な趣味を実現していくアーバンライフです。 ◎将来の高齢化に備えて、病院、介護施設、また終身過ごせる高齢者向けのバリアフリーの介護つきマンションを検討してみることも大切です。 ◎田舎暮らしを実現し、家庭菜園や、ガーデニング等を楽しみながら、地域交流を図るスローライフの体験もいいでしょう。 ◎海外での長期滞在（ロングステイ）により日本では得られなかった新しい文化や生活が楽しめます。気候、治安、医療施設の事前調査が重要でしょう。	☐
(2) キャリアを生かして資格取得にチャレンジしてみましょう。	◎従来取得している資格のレベルアップを図る。（2級→1級） ◎新しい資格にチャレンジする。マンション管理士、社会保険労務士、介護福祉士、防災士等、自分のキャリアや今後の生活を考え、通信教育、専門学校に通って資格取得に挑戦してみましょう。	☐
(3) 学校に行く 受験方法を考慮している大学もあり、また専門学校に通い語学やパソコンの勉強をすることは将来特に必要であります。 （p.70参照）	◎生涯学習の実践として、これまで十分果たせなかった知識や経験を体系付けるために大学や大学院に入学する。少子化の現在、シニアに対して大学も門戸を開いているので、費用、内容を検討しチャレンジしてみましょう。 ◎通学圏内に大学はなくても通信教育やインターネット大学もあります。通信教育は費用が安い点メリットがありますが、自己管理が基本であります。継続できる内容の選択が重要です。 ◎大学の公開講座や、聴講制度のある大学もあり、短期間大学生活を体験することもできます。	☐

	◎シニア世代は、語学留学により、短期間ですが海外生活を体験し、現地の人と交流を図り語学を身につける。ホストファミリーとして帰国後も交流を続けることができます。	
(4) 働く 平成18年4月より「改正高齢者雇用安定法」が定められ、65歳定年延長や60歳以上の再雇用等が段階的に企業に義務付けられました。	◎退職後、継続勤務ができる場合は条件等を事前に検討して在任中に結論を出す。65歳までは働ける企業も増えています。 ◎再雇用の時は雇用条件を検討し、無理のない範囲としてください。 ◎退職後働く場合は、従来のネットワークや紹介で過去のキャリアを生かせる場所で働く場所を探した方がベターです。 ◎ハローワークや民間の人材バンクに登録して職種や内容をよく検討して応募することが大切です。シルバー人材センターの活用も選択肢のひとつでしょう。	☐
(5) 起業をする 「やりたいこと」を良く考えてから活動に入りましょう。	◎「昔からの夢」であっても退職金の全額を投入したり、借り入れを行う等のリスクの高い起業は避けるべきです。 ◎起業は「人脈」、「経験」、「技能」が3要素で、趣味や思い付きでは長続きしません。従来の肩書きを考えず、ビジネスとしてできるものか、事前によく検討しましょう。 ◎家族の協力が必要です。ご夫婦でもよく話し合ってください。 ◎「1円起業」や「有限責任事業組合」等、国や県の制度や地区の商工会議所の窓口で十分相談をしましょう。 ◎悪徳商法には十分注意して「生きがい、やりがい」が感じられるビジネスから計画性をもってスタートしましょう。	☐
(6) 趣味に生きる 定年前から趣味をもって継続できるものであれば極めてください。新しく始める方は一度に多くやらないことです。	◎「仕事が趣味」であった方は、自分の適性をよく見て「絵画」「陶芸」「スポーツ」「写真」、何でもできることから手がけてください。教室やクラブに入りますと友人も増え、違った交流が広がるでしょう。 ◎晴耕雨読もひとつの生き方です。今までゆっくりと読書ができなかった方は「読書ノート」を作成し、読み残した書物をひもとくのもいいでしょう。 ◎但し家の中にじっとしての読書三昧は健康にも良くありませんので図書館に行ったりして外の空気も感じましょう。 ◎夫婦共通の趣味を持つことによってコミュニケーションが良くなります。しかしお互いの趣味の選択を間違わないようにしないとかえって夫婦でのストレスがたまります。	☐

(7) ボランティアを行う 当初は金銭的な利益の見返りを求めず、自発性を明確にして取り組んでください。社会的貢献を行うことから目標が明確になってきます。 現在ボランティア団体、会員は急速に伸びております。	◎「終の棲家」が決まれば、そこが多くの時間を過ごす地域社会であります。地域デビューは地元で活躍している女性から学ぶ努力が必要です。基本的に地域は女性のネットワークが緊密です。 ◎地域社会は色々な方の集合体です。特に男性は企業社会の意識や習慣また肩書き等を持ち込まないように注意しましょう。 ◎地域で楽しい生活を送るためのノウハウを学ぶという謙虚さが大切です。新しい仲間と一緒に活動を行い、新しい交流活動を行いましょう。 ◎自分が考えている社会貢献と合致するボランティア団体に入会し具体的な活動に入っていく。 ◎ボランティア活動をしている方は幅広い年齢層です。地域の活動等にまず飛び込んでいく姿勢が大切です。色々な地域行事に参加し、ネットワークをつくりましょう。 ◎趣味をボランティアに生かす場合もあり（囲碁、将棋、山登り等）、趣味の世界を広めながら活動を行う場合もあります。 ◎活動を継続していくには達成感が大切です。自分が人の役にたっているという満足感が基本です。 ◎ボランティア活動にはNPOの法人資格を持つ団体も多くあり、現役時代に培われたビジネス感覚や経験を求めているNPO法人もあります。活動内容を確認して申し込めば、経験が生かされ達成感も大きいでしょう。 ◎現在主宰しているボランティア団体を「NPO法人化」することにより経費等が吸収でき利益確保も可能となり、援助も受けられる場合もあります。ただし法的条件の確認が必要です。 ◎自分の技量や体験を生かして海外ボランティア活動も可能です。国際協力事業団・シニア海外ボランティア事業などが各種ホームページで募集を行っています。	☐
(8) 旅に出る 国内や海外に旅に出て、今まで体験できなかった文化や風景にふれてみましょう。	◎サードエイジは時間的には余裕があります。今まで忙しくて行けなかった日本のよさを求めて、国内の旅に出かけましょう。旅行会社のパッケージによる企画で行くのも「温泉とグルメ」が多く、便利で経済的でありますが、オリジナルの旅を探すのも楽しいものです。 ◎「青春18切符」を利用して「鈍行列車」の旅に出て沿線の風景や乗客との交流により日本の再発見を行ってみましょう。 ◎パスポートを取得しよう。現役時代は仕事で海外に出かけた方も多いでしょうが、家族の方もパスポートを持って元気で行ける時に海外のいろんな文化を体験してみましょう。	☐

◎海外旅行は基本的には「夫婦旅」の方が共通の思い出が残ります。海外ツアーは予測しないことも発生しますので二人の方が安心で経済的です。

◎結婚記念日や、孫の卒業祝い、また喜寿等人生のイベントを海外旅行にするのもまた違った思い出になります。

◎世界は広いです。経済的な問題や、15時間程度のフライトに耐え得る体力が必要です。ヨーロッパやアメリカ等、遠方から旅を行い次にオーストラリア、アジア等の国を旅するのも賢明です。

(9)「TOP」を目指す

人生、学生時代や会社での生活においては夢の挫折は多く体験してきましたが、「サードエイジ」は、小さくても何かの頂点を極めることは可能であります。社会に認められる「TOP」を目指し「夢の実現」の達成感を持ちたいものです。

◎「夢の実現」を具体的に決めたら「TOP」に立つ自分をイメージしてください。それに向かって行動を開始しましょう。

◎趣味に挑戦すれば「個展を開催する」、そして作品を幅広く紹介するため報道機関に取り上げてもらうのもいいでしょう。

◎大学に入学すれば同期シニア入学生の中で「TOP」で卒業し、代表でスピーチを行うことも可能でしょう。

◎ボランティア活動の成果が社会的に評価され、その地区の「TOP団体」となるよう努力をしてみましょう。

◎少年野球のコーチをしておれば地区の優勝を遂げ、次の大会へ出場すると子供たちと夢の共有化が図れます。

◎自らの技量や能力を生かした「コンテスト」や「レース」に出場し１位を目指す。そのために勉強や、トレーニングを続ける。この「知力」、「体力」の研鑽が「気力」となり、心身共に健康な生活を過ごすことができるようになります。

(10) 自分史を書く

自分の人生の中で体験したことや多くの交流をした方との思い出を残す。

「夢の実現」が達成した時、自らのペンで残しておきたいものです。

◎自分史の製作には時間とエネルギーと費用もかかります。まず「ファーストエイジ（誕生から学生時代）」と「セカンドエイジ（就職、結婚、家族の育成）」に着手します。

◎人生のなかで「新奇性」、即ち目新しさが大切です。入学式、初恋、初めての給料、結婚、子供の誕生と多くの感動的な思い出があります。これらを書く時はペンが踊ります。

◎悲しかったことも多々あったと思います。その時に流した涙の思い出はたまらなく「心の痛み」を思い出すでしょう。

◎「サードエイジ」は「夢の実現」を図っていくプロセスが自分史そのものであります。「フォースエイジ」は自らの人生の評価であり「生き方」の反省でもあります。

◎発行部数、贈答対象者を考え、いくらの予算で行うかにより多額な出費の場合は「我が家のキャッシュフロー表」に計上しておいてください。なお、第2章私のプロフィール（p.34～41）にも記入できるようになっております。

（2）夢の設計プラニング・ノート

「サードエイジの設計図」におきまして、前頁までの「夢の設計プラン10項目」の中から「夢の実現目標」を3～5項目選びます。「夢の設計プラン」以外にすでに決めておられる目標があれば記入してみましょう。

◎皆さんの「夢の実現目標」は決まりましたか？

① 趣味や今までのキャリアを生かして学校や教室に通うか。
② 国内や海外に旅に出かけ、今まで体験できなかったことの実現を図るか。
③ ボランティア活動に入り新しい社会活動に参画するか等、いろいろ考えられます。

1. What ……… ライフスタイルを決め、目標の具体化を図りましょう。（学校に行く、資格を取る等）
2. When ……… 何時から始めるか、年、月を決めましょう。（例えば2009年9月）
3. Where ……… 場所、エリア、学校名、国、団体等を確定しましょう。（○○大学・経営学部等）
4. How ……… 自ら行うか、パートナーを選ぶか行動内容を明確にしましょう。費用についても決めて計画的に実現しましょう。（通信教育の場合の入学金、授業料等）

夢の設計項目	What	When	Where	How
(1)				費用：
(2)				費用：
(3)				費用：
(4)				費用：
(5)				費用：

さあ行動開始です!!

具体的に決定しましたら「我が家の生涯プラン（イベント・夢の実現設計図p.22）に5項目を該当年度に記入して費用面の検討を行い、「我が家のキャッシュフロー表（p.29）」に転記しましょう。

4. 生涯プランを立ててみましょう

「サードエイジの設計図」において具体的に「夢の実現」目標が決定したら、「フォースエイジ」へ生涯プランを考えていきましょう。人生には家族を中心にしたお祝いイベントがあります。家族のお祝い、夫婦でのお祝い、両親や孫達のお祝いは決まっており、それに伴う資金計画も必要でしょう。

また予測し難い家族との別れもあります。親を見送りますと定期的な「法事」やお墓の問題も発生いたします。生活のベースである住宅もバリアフリーを考慮したリフォームや新たな終の棲家として住居の見直しも考えられます。また、車両、家具、大型家電商品等の買い替え等は一時的に多額な出費を伴い、また、自分史の出版等にもまとまった費用がかかります。

計画的に預金の取り崩しやその他の資金確保も考えなければなりません。

保険等も見直した上、対応をどうするか効果的な保障も生活上大切であります。「人生のイベント」と「夢の実現目標」とあわせ「我が家の生涯プラン」を具体的に立ててみましょう。

(1) サードエイジのイベント

① 家族でのお祝い

人生のイベント	暦年	お祝い	い わ れ
昔からのお祝い行事です。次の目標まで健康に留意しましょう。	60歳	還暦（かんれき）	生まれ年の干支に還ることから
	70歳	古希（こき）	杜甫の詩「人生七十古来希なり」から
	77歳	喜寿（きじゅ）	「喜」の草書体「㐂」が七十七に読める
	80歳	傘寿（さんじゅ）	「傘」の略字「仐」が八十と読める
	88歳	米寿（べいじゅ）	「米」の字が「八」「十」「八」に分解できる。
	90歳	卒寿（そつじゅ）	「卒」の略字「卆」が九十と読める
	99歳	白寿（はくじゅ）	「百」から一を引くと「白」になる
	108歳	茶寿（ちゃじゅ）	「茶」の字の草冠を二十その下の部分を米という字に見立てて八十八合わせて百八になる

これらのお祝いは家族それぞれが迎えるわけで、子供達や孫達と一緒になって祝い、日本の伝統的な家族のお祝いとして続けることにより、親子が離れて生活をしている場合でも、共に元気であることのお祝いができます。

② 夫婦でのお祝い

夫婦のイベント	周年	結婚周年	誕生月と誕生石			
毎年結婚記念日をお祝いされるご夫婦もおられます	25周年	銀婚式	1月	ガーネット	7月	ルビー
	30周年	真珠婚式	2月	アメジスト	8月	サルドニック
	35周年	珊瑚婚式	3月	アクアマリン	9月	サファイア
	40周年	紅玉婚式（ルビー）	4月	ダイヤモンド	10月	オパール
	45周年	青玉婚式（サファイア）	5月	エメラルド	11月	トパーズ
	50周年	金婚式	6月	パール	12月	トルキーズ
	55周年	緑玉婚式（エメラルド）				

特に結婚50周年の金婚式は二人の健康があってこそお祝いできるものであり、大きな喜びであります。

③ 両親、子供たち、孫のお祝い

両親が健在の場合は、「米寿」や「卒寿」のお祝いがあります。子供が未婚の場合は「結婚式」という最大のイベントがあります。息子にしても娘にしても平均的な挙式費用やそれに伴う多額の費用が発生します。親子でよく話し合って、どのような結婚式を行うかも大切な「我が家のイベント」の検討であります。

孫たちの入学、卒業、就職までは、「おじいちゃん」、「おばあちゃん」としてできる範囲でのお祝いは必要です。「孫たちのイベント」は忘れないようにしましょう。

友人達のお祝いごともあり、親友のイベントは忘れずに予定しておいた方がいいでしょう。退職後は「同窓会」も増えてきます。遠隔地に住んでいれば交通費も発生し、「サードエイジ」ではこのような「交際費」の支出が増えることも頭に入れておくべきでしょう。

④ 家族との別れや介護

現在は「老い・老介護」という問題が深刻であり、夫と妻のそれぞれの親の問題は「サードエイジ」において避けて通れない問題です。「介護の問題」は同居であれ、別居であれ、必要となればいろいろな方法で対応しなければなりません。

現在の平均寿命が男性79.0歳、女性85.8歳（平成18年度）と長寿化は進んでいるとはいえ、「親を見送る」という避けることのできない事実を考え、夫婦のそれぞれの両親の状況についても考慮していく必要があります。

葬儀については予想し難いものですが、すでに親を見送られた方もおられ、日本には（宗教にもよりますが）年忌法要というしきたりがあります。亡き親の法要を行うことで家族や親類が集まり故人の過ぎし日を語り、生きている幸せを感じるセレモニーもあります。

法　　要	年　忌	法　　要	年　忌
初七日（しょなぬか）	七日目	七回忌	七年目の命日
二七日（ふたなぬか）	一四日目	十三回忌	十三年目の命日
三七日（みなぬか）	二十一日目	十七回忌	十七年目の命日
四七日（よなぬか）	二十八日目	二十三回忌	二十三年目の命日
五七日（いつなぬか）	三十五日目	二十七回忌	二十七年目の命日
七七日（なななぬか）	四十九日目	三十三回忌	三十三年目の命日
百か日（ひゃっかにち）	百日目	三十七回忌	三十七年目の命日
一周忌	満一年目の命日	五十回忌	五十年目の命日
三回忌	満二年目の命日	百回忌	百年目の命日

七回忌からはかぞえ年の命日となります。五七日から十三回忌までの法要は欠かしてはいけないといわれています。夫婦それぞれの両親を見送られた方は、年忌法事の年は確定していますので記入していけばお寺からの連絡を待たずして予定が立てられます。

イベント費用につきましては慶事、記念日、法要等を次のページの「我が家の生涯プラン」に記入してください。

(2) 我が家の生涯プラン（イベント・夢の実現設計図 No.1　5年分）

家族と年齢…年号						
夫	歳					
妻	歳					
子供	歳					
	歳					
孫のイベント	孫（　）歳					
	孫（　）歳					
	孫（　）歳					
	孫（　）歳					
両親のイベント	父（　）歳					
	母（　）歳					
義父	父（　）歳					
義母	母（　）歳					
イベント費用	計					
夢の実現目標　（プラン－10）						
(1)						
(2)						
(3)						
(4)						
(5)						
夢の実現費用　　計						
合計…キャッシュフロー表へ転記						

(費用単位千円)

※イベント費用はサードエイジのイベント (p.20) から対象イベントを家族、夫婦、両親、孫等について実施時期を検討してみてください。

※暦年のお祝い（還暦、古希、米寿等）や夫婦のイベント（ルビー婚、金婚式等）法要等対象年度が確定しているものは記入し費用の検討が必要です。子供や孫の結婚式等多額な費用の発生は付帯費用についても検討が必要です。

※夢の実現費用は「夢の設計プラニング・ノート (p.19)」にて目標が絞られましたので年代別に夫か妻か家族かそれぞれの目標に合わして記入してみてください。

我が家の生涯プラン（イベント・夢の実現設計図 No.2　次の5年分）

家族と年齢…年号						
夫	歳					
妻	歳					
子供	歳					
	歳					
孫のイベント	孫（　）歳					
	孫（　）歳					
	孫（　）歳					
	孫（　）歳					
両親のイベント	父（　）歳					
	母（　）歳					
義父	父（　）歳					
義母	母（　）歳					
イベント費用	計					
夢の実現目標　（プラン–10）						
(1)						
(2)						
(3)						
(4)						
(5)						
夢の実現費用　計						
合計…キャッシュフロー表へ転記						

※我が家の生涯プラン（イベント・夢の実現設計図）　次の5年計画です。　　　　（費用単位千円）

(3) 我が家のキャッシュフロー表の記入方法

「夢の実現設計図」を具体化していくためには、資金的な裏付けが必要です。まず、現在の我が家の収支を把握しましょう。次に将来における資金計画（キャッシュフロー表）を作りましょう。

① 我が家の収入

現在の「本人の収入」、「配偶者の収入」は「働いているかどうか」によって決まります。また「年金受給者かどうか」によって収入金額も変わってきます。従って現在の月額の収入を記入します。

年金には国民年金と厚生年金（公務員の場合共済年金）を基本に、企業年金、私的年金（変額年金等）があります。企業年金と私的年金は終身か、期限付きかよく確認して期限付きの場合、終了する年月を備考欄に必ず記入しましょう。

その他、株の配当や利子所得、また投資信託の分配金等、別途収入がある方は、自分の収入額を計算して「その他の収入」欄に記入してください。

退職時は雇用保険収入と年金収入等があり複雑です。雇用保険が終了し、年金が確定してから、記入されても結構かと思います。また年金については未確定の方は「社会保険事務所」に行って本人と配偶者の受給額を正式に確認された上で記入してください。

保有不動産（マンションは除外）を担保として融資を受けて毎年一定額を年金のように受け取り、利用者が死亡すると自宅等を処分して借入金を一括返済する「リバースモーゲージ（逆抵当融資）」制度があります。各自治体や銀行等で確認してください。

② 我が家の支出

日々の「基本生活費」を配偶者と個々に検討して確定してください。

「車両費」は自家用乗用車の2年に1回の車検や1年1回の税金、保険料等も記入しておきましょう。

「借入金」は住宅ローン等、借入残がある場合は完了予定と月々の返済額を記入してください。

「税金」のうち、所得税、住民税は、毎年2月からの確定申告に基づき税額が確定します。

また、固定資産税は4月頃確定します。本年分が確定している場合は、本年の確定額を年額欄に記入し、確定していない場合は、前年分を参考にして概算額を年額欄に記入してください。

月額は、年額を12で割った数字を記入してください。

「保険料」は現在の生命保険の種類、支払額を確定してください。また火災保険、地震保険等、現在加入している保険の年間支払い金額を確定してください。

健康保険は「国民健康保険」と加入期間が限定される「特例退職保険制度」及び「任意継続保険制度」等があります。最終的に国民健康保険に移行しますが、その時期を備考欄に記入し、医療費の負担割合も年齢によって変わってきますので確認の上、備考欄に記入しておくと便利です。健康保険制度が平成20年4月から変っております。特に75歳以上の方は後期高齢者（長寿）医療制度にご留意ください。

介護保険料は40歳から（平成19年現在）支払っており、年齢により、市町村によって変わります。今後の推移は市役所で確認されればいいのではないかと思います。

「イベント費用」、「夢の実現費用」は、「我が家の生涯プラン」から転記、一時的な高額支出（住宅関連、

車両、家具、大型家電商品の買替え、自分史発行等）は確定年度にて記入してください。

「その他の支出」は、今までの項目に該当しない支出を記入してみましょう。

なお、収入と支出について月額で把握できないものは、年額で把握し平均して月額としましょう。

③ 貯蓄（定期性預金…株、債権、定期預金など）

現在の貯蓄残高の確認が必要です。退職時であれば退職金も含めて、総額の確定を行ってください。当面特別な出費は別にして、5年間単位での生活ベースでの収入、支出見込みを計算して過不足を推定してみましょう。年金だけでは生活が無理であれば、働くか貯蓄で補填するかの結論が出ます。

またサードエイジには今までできなかった「夢の実現」が発生します。これらの特別出費や住宅、車両、冠婚葬祭等の必要な資金等は計算できます。しかし人間は不慮の突発的な事故等により将来の予測は難しいです。

入院等予想外の費用も発生しますので貯蓄は重要な生活資金です。保険の満期等を含めて収入の見込みをたててみましょう。

④ 我が家のキャッシュフロー表

「我が家の収入」と「我が家の支出」で現在の我が家の家計が把握できたら、それを基礎に「我が家の生涯プラン」を重ね合わせて「我が家のキャッシュフロー表」を作成しましょう。

貯蓄の残高も合わせて記入し、収支を確認の上、サードエイジで自らへの再投資や夢の実現を図るための費用を具体的に確定していかれればいいでしょう。

当面5年間の収支見込が基本になると思いますが、1年ごとに実態を把握して、年末収支の状況を確認し、計画の修正を行っていくとよいでしょう。

⑤ 流動性資金と定期性資金

貯蓄の種類には流動性資金（普通預金、タンス預金等）と定期性資金（株、国債、投資信託、外貨預金等）があります。定年後働かれる方は収入が発生しますが、一般的には年金が基本収入となります。現在65歳から満額年金の受け取りとなりますが退職金等の一時的なまとまったお金の有効活用はサードエイジにおいては重要なことです。

現在の手持ち資金を「我が家のキャッシュフロー表」に記入された後、当面使用する時期が確定していない資金につきましては「資産運用」というかたちで安全性と収益性を考慮しながら運用の方法について銀行や証券会社等専門家の意見を聞くことも大切です。

	資金の資格	主な使い道	対象の金融商品
流動性	半年分の生活費、円建てで何時でも引き出せる商品で運用	当面の生活費、医療費、冠婚葬祭費用	普通預金、1ヶ月～3ヶ月円定期
安全性	当面使わない資金また元本割れしない資金	家のリフォーム、車の買い替え	個人向け国債、定期預金（3年～5年）
収益性	余裕資金、長期運用できる資金でリスク性もあるのでよく理解して実施が必要です。	夢の実現費用 75歳以上の資金 子供に残すお金	国内、外国株式、外国債券、投資信託、外貨預金

⑥ 我が家の総合収支

わが家の収入

本人の収入…公的年金、企業年金、個人年金、給料等を種類別に記入してください。

(単位千円)

種　類	月　額	年　額	備考（将来の変動内容など）
計			

配偶者の収入…公的年金、企業年金、個人年金、給料等を種類別に記入してください。

(単位千円)

種　類	月　額	年　額	備考（将来の変動内容など）
計			

その他の収入…家賃・地代・配当、分配収入など。

(単位千円)

種　類	月　額	年　額	備考（将来の変動内容など）
計			

収入の総合計……「月額　　　　　千円」「年額　　　　　千円」

わが家の支出

基本生活費

種　　類	月　額	年　額	備考（将来の変動内容など）
食　　　　費			
家　　　　賃			
電　気　代			
ガ　ス　代			
水　道　代			
通　信　費			
新　聞　代			
受　信　料			
そ　の　他			
計			

※ 通信費：固定電話、携帯電話、インターネット費用
※ 受信料：NHK、有料テレビ（J-COM等）

車　両　費

種　　類	月　額	年　額	備考（将来の変動内容など）
ガソリン代			
車検代・修理代			
車税金・保険料			
計			

借　入　金

種　　類	月　額	年　額	備考（将来の変動内容など）
計			

税　　金

種　　類	月　額	年　額	備考（将来の変動内容など）
所　得　税			
住　民　税			
固定資産税			
計			

保 険 料

種　　　類	月　額	年　額	備考（将来の変動内容など）
年 金 保 険 料			
健 康 保 険 料			
介 護 保 険 料			
雇 用 保 険 料			
生 命 保 険 料			
損 害 保 険 料			
地 震 保 険 料			
計			

交際費・教養費

種　　　類	月　額	年　額	備考（将来の変動内容など）
計			

一時的高額支出

種　　　類	月　額	年　額	備考（将来の変動内容など）
住 居 関 連			
車 両 関 連			
家具・大型家電			
自 分 史 関 連			
計			

その他の支出

種　　　類	月　額	年　額	備考（将来の変動内容など）
計			

収入の総合計……「月額　　　　千円」「年額　　　　千円」

収支差額…………「月額　　　　千円」「年額　　　　千円」

（4）我が家のキャッシュフロー表（No.1　5年間）

収入	年号					
	本人の収入					
	配偶者の収入					
	その他の収入					
	計　a					
支出	基本生活費					
	車両費					
	借入金					
	税金					
	保険料					
	交際費・教養費					
	イベント費用					
	夢の実現費用					
	一時的高額支出					
	その他の支出					
	計　b					
年間収支の差額	c=a－b					
貯蓄（定期性預金）の取崩	d					
貯蓄（定期性預金）へ預入	e	△	△	△	△	△
年間手元資金の差額	f=c＋d－e					
	前年残高	f＋前年残高				
年末手元資金の残高(現金・普通預金)						

貯蓄（定期性預金）…株・債権・定期預金等の内訳と推移

種別	預け先・満期日等	額面	残高	残高	残高	残高
	計					

（費用単位千円）

※一時的高額支出は、住居関連、車両、高額家電品の買い替え費用、自分史発刊費用等は前ページの支出欄から記入してください。

※「我が家の財産の概要」については第2章に資産、負債、土地建物、保険、ゴルフ会員権等について詳細を記入する表があります。全財産を把握される方は「財産目録」（p.62）を活用してください。

我が家のキャッシュフロー表（No.2　次の5年分）

	年　　　号					
収入	本人の収入					
	配偶者の収入					
	その他の収入					
	計　　　　a					
支出	基本生活費					
	車両費					
	借入金					
	税金					
	保険料					
	交際費・教養費					
	イベント費用					
	夢の実現費用					
	一時的高額支出					
	その他の支出					
	計　　　　b					
年間収支の差額	c=a－b					
貯蓄（定期性預金）の取崩	d					
貯蓄（定期性預金）へ預入	e	△	△	△	△	△
年間手元資金の差額	f=c＋d－e					
	前年残高	f＋前年残高				
年末手元資金の残高(現金・普通預金)						

貯蓄（定期性預金）…株・債権・定期預金等の内訳と推移

種　　　別	預け先・満期日等	額　　面	残　　高	残　　高	残　　高	残　　高
	計					

(費用単位千円)

※我が家のキャッシュフロー表　次の5年計画です。

5. サードエイジからフォースエイジへ

「サードエイジ」のライフプランはできましたか？

　サードエイジを迎えられ、健康面、経済面から現在の生活を点検され、「自分の夢の実現」に向かってチャレンジができるライフプランは整いましたか？　いよいよ「生きがいづくり」の最終章です。この時代はまさに「光陰矢の如し」で1年が非常に速く感じられます。

　私たちは高齢化により身体的機能は低下いたしますが、生涯学習の実践等により思考力や知識は上昇するといわれております。経済、政治、医学界等色々な分野で、多くの高齢者の方が年齢を感じさせることなく活躍しておられます。
　加齢（エイジング）に伴い低下しがちな体力や生きがいを「長寿社会の人間学（ジェロントロジー）」を学ぶことなどにより、充実した「フォースエイジ」を生きることが大切であります。
　人口減少社会において高齢者の社会に対する役割は重要になります。フォースエイジの舞台で判断力や積み重ねた知恵を社会生活に活かすことが健康で若々しさを保つ真のアンチエイジング（抗加齢）と思います。
　「フォースエイジ」は、元気で独りで生活が過ごせるように自立を考え、自己実現の集大成を行っていく時期であります。次世代に伝えたい自らのメッセージや、家族や子供たちへの「愛する人へのメッセージ」をまとめていく時代です。　次章から「エンディングノート」として自分や家族の記録を作成していく方法や実際の記入方法について説明しております。サードエイジでの「我が家の生涯プラン」の記入とあわせて、フォースエイジにおいて予想される諸問題を元気な時に考えておきましょう。

「ジェロントロジー」（Gerontology）とは

　九州シニアライフアドバイザー協会は、ジェロントロジーを学び実践することを基本理念としています。地域や各団体においてボランティアに取り組み、各研究会を通してお互いの研鑽と情報交換を行っています。
　1903年、生物の加齢現象を研究することをロシアのノーベル賞学者エリー・メチニコフは「ジェロントロジー」（Gerontology）と名付けました。その後アメリカで1960年代から「人生の晩年期の幸福を追求する考え方」として発展し、高齢者に関する生理的、心理的、社会的学問として世界的に普及してきました。
　わが国では、一般的に65歳から74歳までの高齢者を前期高齢者、75歳以上を後期高齢者と分類しております。しかし「サードエイジ」から「フォースエイジ」への生き方は、年齢には関係なく、地域社会や地球環境への思いやりを持ちながら、自らの「生きがいの向上」を積極的に図っていく元気で創造的な高齢者を志向するものです。

MEMO

第1章で書き残したいこと、第2章にて考えたいこと何でも書きとめてください。

1.

2.

3.

第2章

愛する人へのメッセージ

1. フォースエイジの生活を考えてみましょう

　日本人の平均寿命は世界一となりましたが、果たして私たちは長寿を幸せに満喫できるでしょうか。
　認知症などの病気や災害、事故など、突然の不幸に見舞われた時、遺された人に何を伝えておいたらいいでしょうか。親子、夫婦の間でも案外知らないことや、話し合っていないことが多いのではないでしょうか。

　人生のサードエイジからフォースエイジを考え、自分なりに晩年の人生設計図を修正しながら、このような生活を送りたいと願う気持ちと、この願いを実現するために家族の方々に聞いてもらいたいことを、あなたが元気なうちに、遺される愛しき人達にきちんとしたメッセージとして残す必要があると思います。
　私たちの社会は変化が激しく、過去の常識では考えられない事象が日々報じられております。
　このような現代において生きていく私たちは、自らの人生を正確に次世代に伝え、何が大切か、何が真実か、自分なりのメッセージを自分の歴史として残したいものです。

　愛する人へのメッセージは、
　◎ **私のプロフィール**…我が家の記録・思い出・自分史・人生の師
　◎ **私の安心**…成年後見制度・介護が必要になった時・介護保険制度・介護施設
　◎ **人生の終末の時の希望**…終末医療・臓器提供・葬儀・遺言・もしもの時の連絡先
　◎ **財産目録**…我が家の資産と負債
　◎ **困った時はここに相談してみよう**…各種相談窓口・大学案内
　と5部門のメッセージ・ノートになっています。

　使い方は非常に簡単です。項目にしたがって自分の願いや希望するものに○印をつけ、必要な欄には自分の考えや事実を記入していきます。書き足りない場合は白紙に追加記入しておけば役立ちます。
　このノートに記入しておくことにより、あなたとあなたの愛する人の「不安」を「安心」に変えていくことができれば幸いです。

2. 私のプロフィール

(1) 我が家のプロフィール

① 本　人　　　　　　　　　　　　　　　ふりがな

② 配偶者　　　　　　　　　　　　　　　ふりがな

③ 現住所

④ 本籍地

⑤ 生年月日・本　人　明治・大正・昭和（西暦　　　　年）　　年　　月　　日生

　　　　　　・配偶者　明治・大正・昭和（西暦　　　　年）　　年　　月　　日生

⑥ 年齢・本人　　　歳　　ヶ月（　　年現在）・配偶者　　歳　　ヶ月（　　年現在）

⑦ 電話番号・FAX番号　　　　　　　　　携帯電話番号

⑧ メールアドレス　　　　　　　　　　　携帯メールアドレス

⑨ 健康保険証番号　　　　　　　　　　　老人保険証番号

⑩ 運転免許証番号　　　　　　　　　　　免許有効期限　　　　年　　月　まで

⑪ パスポート番号　　　　　　　　　　　有効期限　　　　年　　月　まで

⑫ クレジット・カード　ショッピング・カード

　(1) 管理会社　　　　　　　　カード番号　　　　　　　　※暗証番号

　(2) 管理会社　　　　　　　　カード番号

　(3) 管理会社　　　　　　　　カード番号

⑬ リゾート会員権　管理会社　　　　　　電話　　　　　　保証金

⑭ ゴルフ会員権　　管理会社　　　　　　電話　　　　　　保証金

⑮ 血液型　本人　　　　型・配偶者　　　　型

　緊急時に輸血を依頼できる人がいますか？　ある　氏名　　　　　電話　　　　　・なし

⑯　身長・体重・血圧　　身長　　　　cm　　体重　　　　kg　血圧　　　　／　　　　mmHg

⑰　持病　　　　　　　　　常用薬　　　　　　　既往症

⑱　かかりつけの医師　　　　　　病院　　　　　　医師　電話番号

　　　　　　　　　　　　　　　　病院　　　　　　医師　電話番号

⑲　誕生石と星座　誕生石　　　　　　　　星座　　　　　　　　星

　　　　　配偶者　誕生石　　　　　　　　星座　　　　　　　　星

⑳　結婚記念日　　　　　年　　　月　　　日　結婚暦　　　年（　　　年現在）

㉑　資格・免許・褒章

㉒　現在の仕事　所属団体

㉓　父の名前　　　　　　　　　・　　　　家の　　男

　　　誕生日　　年　　月　　　日　　　歳　没年　　年　　月　　　日　享年　　　歳

㉔　母の名前　　　　　　　　　・　　　　家の　　女

　　　誕生日　　年　　月　　　日　　　歳　没年　　年　　月　　　日　享年　　　歳

㉕　関連記録

　　　義父の名前　　　　　　　　・　　　　家の　　男

　　　誕生日　　年　　月　　　日　　　歳　没年　　年　　月　　　日　享年　　　歳

　　　義母の名前　　　　　　　　・　　　　家の　　女

　　　誕生日　　年　　月　　　日　　　歳　没年　　年　　月　　　日　享年　　　歳

私の写真

現在の写真でも、いつのでも、自分が一番思い出になる写真を貼っておきましょう。

この写真の思い出、撮影当時のエピソード記入して下さい。

我が家の由来と家紋

1. 我が家の由来（先祖のエピソード）	2. 我が家の家紋（紋章があれば記入してください）

子どもたちへ伝えておきたいメッセージ

（2）我が家の思い出（自分史）

① **私の生まれた時**……おいたち、成長の思い出

で き ご と	西暦年・年齢	思　い　出

② **学びの時**……保育園・幼稚園、小中学校、高校、大学、大学院、専門学校、恩師

で き ご と	西暦年・年齢	思　い　出

③ **クラブ・サークル活動（体育・文化）**……学生時代・社会人

で き ご と	西暦年・年齢	思 い 出

④ **青春**……友達、初恋、失恋、自分が打ち込んだ時

で き ご と	西暦年・年齢	思 い 出

⑤ **働く**……就職・転勤・転職、起業、自営

で き ご と	西暦年・年齢	思 い 出

⑥ **家族**……夫婦の出会い・出産、子供の成長、両親、祖父母の思い出

で き ご と	西暦年・年齢	思 い 出

⑦ **趣味**……特技・資格、新しい感動、チャレンジの思い出

で き ご と	西暦年・年齢	思 い 出

⑧ **悲しかったこと、辛かったこと**……闘病、愛する人との別れ

で き ご と	西暦年・年齢	思 い 出

⑨ 心そして人生の師……座右の銘、感銘を受けた人

座右の銘	好きな言葉	
	1.	
	2.	
	3.	
感銘を受けた人との出会い	1.	
	2.	
	3.	
思い出に残る歌	1.	
	2.	
	3.	
感動した本と映画	1.	1.
	2.	2.
	3.	3.

⑩ サードエイジ〜フォースエイジの思い出……私の生きがい、希望

	私の生きがいと希望
私の思い出	1.
	2.
	3.
私の生きがい	
私の希望	

3. 私の安心

（1）成年後見制度と地域福祉権利擁護事業の利用

① 法定後見と任意後見

　「成年後見制度」とは、民法で定められた、判断能力が不十分な方々（認知症高齢者、知的障害者、精神障害者等）の判断能力を補い、本人が損害を受けないように本人の権利が守られる制度です。

　介護保険制度とともに、シニアの尊厳と暮らしを支える車の両輪として平成12年4月に制定されました。

　成年後見制度は、「法定後見」と「任意後見」の2つに分けられます。

　法定後見は、すでに判断能力が不十分になっている方を対象にした制度です。

　任意後見は、現在は十分な判断能力をもっている方が、将来自分の判断能力が不十分になった時に備える制度です。

　このノートは、読者の皆さまが自分で「サードエイジのライフプラン」を作るためのものですから、任意後見を中心に説明してまいります。

② 任意後見とは？

なぜ任意後見が必要か

　高齢化が急速に進展する中、平均寿命も、年々長くなっています。

　半面、一人暮らしの方や、夫婦のみの高齢者、認知症の方も増加いたしております。

　寿命が長くなることは喜ばしいことであり、多くのシニアが元気でいつも長生きできることは理想ですが、人生には予期せぬことも発生いたします。年金などの経済的な不安や、寝たきりになるのではないか、認知症になるのでは、など不安はぬぐい去ることはできません。

　特に介護保険の導入により、要介護の申請や介護サービスの契約、また財産の正確な管理等行うことができない場合もあります。これらに対応できるよう準備しておくことが任意後見の目的であります。

　現在の社会状況では生活上の問題が発生した時、以前のような家族や地域社会での助け合い機能に頼ることは難しくなっています。

　任意後見は、安心して自分らしく暮らすことができるように、またシニアを狙う悪質商法の被害にあわないためにも、判断能力が十分なうちに準備しておくことが大切です。

③ 任意後見を利用する前に

　任意後見は、年齢を重ねても安心して自分らしく暮らすことができることを目的とした制度です。だからこそ、利用にふみ出す前に、自分らしいシニアライフをよく考えて準備しておく必要があります。

　サードエイジの暮らし方や、経済的な生活プランなど、よく考えて準備しましょう。第1章にて提案いたしました「我が家の生涯プラン・夢の実現」（p22～23）を基本に、皆様が記入された計画にそって任意後見を利用するのが、上手な利用の方法であります。

④ 任意後見の基本的な仕組み

任意後見は契約です

　任意後見は、たとえば認知症となって判断能力が不十分となった場合に、あらかじめ決めておいた「任意

後見人」に、自分に代わって必要な財産管理や日常生活、また療養看護の管理等に関する諸手続きの代理権を結ぶ「契約」です。

この任意後見契約は、公証人役場で「公正証書」として作成してもらいます。

いつから「任意後見」が始まるか?

任意後見は、公正証書を作成してすぐ始まるわけではありません。

本人の判断能力が不十分となった場合、本人や配偶者、四親等内の親族、任意後見受任者などが家庭裁判所に申し立てます。家庭裁判所の審判で、任意後見人を監督する「任意後見監督人」が選任されたときから任意後見が始まります。

⑤ 任意後見契約に記載する内容

① 任意後見人を誰にするか?

後見人は親族や弁護士などの専門家だけでなく、成人であれば誰でもなることができます。個人ではなく法人もなることができます。

② 後見の内容

基本的には、「財産管理」と「身上監護」の二つです。具体的な内容は、任意後見契約書の中の代理権目録に記載します。

本人が亡くなった後の遺産分割協議や葬儀なども、後見人に依頼できます。

ただ、本人に対する介護等は、後見の対象とはなりません。

③ 後見にかかる費用

費用は後見人との間で自由に決めることができます。

親族などの場合無償とする場合が多いです。弁護士や司法書士などの専門家に依頼した場合、月額1万円～3万円程度が多いようです。

④ 契約の解除

将来発生するさまざまな可能性に備えて、家庭裁判所で任意後見監督人が選任されるまでは、任意後見契約を解除できるという項目を契約書に記載しておくのが一般的です。

⑥ 法定後見とは?

① 制度の内容

本人の判断能力が不十分となった場合に、本人の判断能力の程度に応じて、「補助」、「保佐」、「後見」の3つの区分で後見の内容が決まります。

② 手続きの進め方

本人の判断能力が不十分になった場合、本人、配偶者、子または四親等内の親族が家庭裁判所に申し立てます。家庭裁判所の審判により、本人の判断能力の程度に応じて、「補助人」、「保佐人」、「後見人」が選任されます。

本人に親族などがいない場合は、市町村長が申し立てることもできます

③ 後見にかかる費用

本人の財産や受ける援助の内容により、家庭裁判所が決定しますが、事前に鑑定料を含めて検討しておく必要があります。

⑦ 地域福祉権利擁護事業とは？

① 事業の内容

　認知症高齢者、知的障害者、精神障害者等で生活上のさまざまなサービスを適切に利用することが困難な方に、各都道府県社会福祉協議会が地域で生活が送れるように支援するもので、平成11年10月から実施されている事業です。成年後見制度と密接な関係があります。

　本人の判断能力が、「法定後見」の補助、保佐に該当する程度までは、この事業を利用することができます。（後見に該当する場合は利用できません。）

　介護保険などの福祉サービスの利用、毎日の金銭の出し入れ、公共利用金の支払いなどを援助します。

　また、預金通帳や証書などを預かる「預かり」サービスもあります。

　さらに、利用者の判断能力が不十分となった場合、「法定後見の申し立て支援」のサービスも行っています。

② 手続きの方法

　申し込む方に制限はありません。本人、または家族や民生委員など誰でも、住んでいる市区町村の社会福祉協議会に申し込むことができます。

　申し込みがあると、社会福祉協議会の担当者（専門員）が訪問し、支援計画を作成します。その計画に基づいて、本人と社会福祉協議会が利用契約を結び、生活支援員がサポートを行います。

③ 費用については

　社会福祉協議会ごとに違いがありますが、1回1時間で1,000円前後です。預かりサービスは、1年間で数千円前後です。相談料、計画作成料は無料です。

⑧ 判断力が不十分になった時（成年後見制度の利用）

各種契約財産管理について

任意後見人	○配偶者（家族）に一任する
	○親族　氏名　　　　　　　　　電話番号
	住所
	○専門家　氏名　　　　　　　　電話番号
	住所
	○任意後見契約費用
法定後見人	○補助人・保佐人・後見人
	氏名　　　　　　　　　　　　電話番号
	住所
	○法定後見費用
社会福祉協議会	○窓口　氏名　　　　　　　　　電話番号
	住所

(2) 介護について（安心な介護のシステム）

① 介護が必要になった時

介護場所は	○自宅
	○子供たちの家
	○有料老人ホーム等のケア付き施設　施設名
	○介護施設　施設名　　　　　　　　　　　　　　　　（介護保険適用の有無）
	○出来るだけ自宅にいて、時々施設などで介護
	○家族に任せる
介護者は	○医師や介護の専門家
	○その他
	○配偶者
	○家族に任せる
介護費用は	○公的な費用の範囲内でして欲しい
	○預貯金・年金・保険でして欲しい
	○不足する場合は、不動産等を処分し、充当して欲しい
	○家族に任せる

【要介護状態区分】

介護認定審査会の判定に基づき決定される。介護保険の対象とならない「非該当」介護予防が必要な「要支援1.2」、介護が必要な「要介護1～5」までの区分に認定される。

◎介護保険の介護予防サービス（予防給付）

要支援	1	社会的な支援を部分的に要する状態
要支援	2	重い認知症等がなく心身の状態も安定しており、社会的支援を要する状態

◎介護保険の介護サービス（介護給付）

要介護	1	心身の状態が安定していないか認知症等により部分的な介護を要する状態
要介護	2	軽度の介護を要する状態（一部他人のサポートが必要）
要介護	3	中度の介護を要する状態（身のまわりの事が自分でできない）
要介護	4	重度の介護を必要とする状態（一人での歩行が困難等）
要介護	5	最重度の介護を必要とする状態（立ち上がりができず、また認知症等よる問題行動が多くみられる）

② 介護保険制度とは
　老後の不安要因である介護を社会全体で支える仕組みとして、平成12年4月創設されました。
① 被保険者は年齢によって区分され保険料の支払方法が異なっています。
　・第1号被保険者（65歳以上）は保険料については公的年金から特別徴収（天引き）されます。
　　一定額（月額1万5千円）以下の年金受給者等は、市町村に直接支払います。
　・第2号被保険者（40～64歳）は保険料については医療保険料と一体的に支払います。
② 介護サービスは平成18年4月以降、介護予防給付（要支援1～2）と介護給付（要介護1～5）の7段階に分けられ、保険給付を受けるには市町村の要介護認定が必要です。
　　要介護認定は、全国一律の基準で調査、判定されます。
③ 第2号被保険者は下記加齢に伴う16種類の「特定疾患」が原因である場合のみ対象となります。

> - がん末期　●関節リウマチ　●筋萎縮性側索硬化症　●後縦靱帯骨化症
> - 骨折を伴う骨粗鬆症　●初老期における認知症　●脊髄小脳変性症
> - 脊柱管狭窄症　●早老症　●多系統萎縮症　●脳血管疾患
> - 糖尿病性神経疾患、糖尿病性腎症および糖尿病性網膜症
> - パーキンソン病、進行性核上性麻痺および大脳皮質基底核変性症
> - 閉塞性動脈硬化症　●慢性閉塞性肺疾患
> - 両側の膝関節又は股関節に著しい変形を伴う変形性関節症

③ 介護認定の手続き
① 利用者の申請：介護保険証持参（第2号被保険者は医療保険証）の上、市町村の介護保険窓口へ。
② 認定(訪問)調査：調査員が対象者の心身状態を調査します。できるだけ正確な現状を話してください。市町村の依頼を受けて主治医の意見書を作成してもらいます。
　　1次判定として全国一律のコンピューターソフトを用いて判定が行われます。
③ 2次判定：介護認定審査会が介護の必要性や程度を審査し判定されます。
④ 認定：「要支援1.2」、「要介護1.2.3.4.5.」、「非該当（自立）」の認定を受けます。認定結果の通知は原則として30日以内に届きます。認定に不服がある場合は、「介護保険審査会」へ不服申し立てができます。
⑤ 介護サービスの選択：ケアマネージャーなどと相談して、「要支援1.2」の方は介護予防サービス、「要介護1.2.3.4.5.」の方は在宅サービスか施設サービスを選ぶことができます。
⑥ ケアプランの作成：「要支援1.2」は原則として地域包括支援センターで作成されます。
　「要介護1.2.3.4.5.」については在宅の場合は認定結果に基づき、居宅介護支援事業者と話し合い、心身の状況や希望に応じてサービスを組み合わせて利用いたします。
⑦ サービスの開始：ケアプランに基づいて在宅、もしくは施設でのサービスを利用できます。
　　ケアマネージャーへの依頼料金の負担はありません。ケアプランに基づいたサービス費用は、原則として1割負担です。
⑧ 更新の申請：介護認定は更新が必要であります。引き続きサービスを利用する場合は、認定の有効期間（3～24ヶ月）が終了する前に更新又は変更の手続きを行います。

④ 介護施設の種類

① 介護施設サービスは「生活介護が中心」か「治療が中心か」などにより、3種類に分けられており、介護保険が適用され、要介護1以上の方が対象となります。

種　　別	利　用　対　象　者	利用者負担
特別養護老人ホーム （介護老人福祉施設）	65歳以上、常時介護を必要とし、居宅でこれを受けることが困難な方が主に利用。入所を希望しても数年もかかる場合があります。	介護サービス費用の1割 食費　日常生活費 居住費
介護老人保健施設 （老人保健施設）	65歳以上、看護・医学的管理下で介護、機能訓練他、医療が必要な方が主に利用。早期の家庭復帰をめざします。	介護サービス費用の1割 食費　日常生活費 居住費
介護療養型医療施設	65歳以上、病状が安定し、長期にわたる療養が必要な方が主に利用。療養看護により、自宅復帰をめざします。	介護サービス費用の1割 食費　日常生活費 居住費

サービス内容、施設費用については入所前に確認することが必要です。

② 介護保険上居宅とみなされ、要介護1以上の方が対象で、地域密着型サービスとして介護保険が適用されます。

種　　別	利　用　対　象　者	利用者負担
グループホーム （認知症対応型 　共同生活介護）	介護が必要な軽～中程度の認知症の方が少人数の環境で共同生活を行います。症状の進行を緩和することを目的とし、日常生活ができるように介護を行います。	介護サービス費用の1割 食費　日常生活費 居住費
小規模多機能型 居宅施設	介護が必要な方が住みなれた地域での生活を基本に、利用者のニーズにあわせて「通い」、「訪問」、「泊まり」を組み合わせます。	介護サービス費用の1割 管理費（施設が定める）
介護老人福祉施設 （特別養護老人ホーム）	定員30名未満の、小規模な特別養護老人ホーム本体のサテライトとして、配置するパターンです。	介護サービス費用の1割 食費　日常生活費 居住費
介護専用型の特定施設	定員30名未満の生活介護施設	

③ 介護施設であり、入居者が要介護者に該当すれば、居宅サービスとして利用はできます。但し介護保険が適用されない施設もありますので事前に確認が必要です。介護保険法による「特定施設入居者生活介護」に指定されている施設では介護保険サービスが利用できます。

種　　別	利　用　内　容	利用者負担
有料老人ホーム	基本的に60歳以上、食事の提供、入浴、排せつ、食事の介護、洗濯等、家事、健康管理、いずれかを提供する民間施設。健康型、住宅型、介護付きがあります。	入居金、月額利用料があり、費用は全額入居者負担
軽費老人ホーム （ケアーハウス）	60歳以上（夫婦の場合はどちらかが60歳以上）独立して生活するには不安がある人を対象とする。食事は給食、自炊により、異なります。	生活費 事務費（収入による） 管理費（施設が決定）
養護老人ホーム	65歳以上、日常生活に必要なサービスを長期的に提供する。経済的、身体的理由で居宅介護が受けられない方が対象です。	本人の収入額、扶養義務者の所得税額に応じて変わります

介護保険制度は平成20年3月現在のものです。

4. 人生の終末の時の希望

(1) 終末医療について

◎不治の病と診断された時

告知は	○病名も余命もすべて告知して欲しい
	○配偶者や家族と一緒に告知して欲しい
	○告知しないで欲しい
	○その他の希望
看護やお見舞いは	○配偶者や家族だけにして欲しい
	○私が決めた人だけにして欲しい
	○誰も来て欲しくない
	○家族に任せる
延命治療は	○延命だけの治療はやめて欲しい
	○延命だけの治療でも行って欲しい
	○痛みだけを取り除いて欲しい
	○ホスピスを希望する
	○家族に任せる
最期に看てほしいのは	○病院や施設で看て欲しい
	○ホスピスや専門の病院・施設で看て欲しい
	○自宅で看て欲しい
	○家族に任せる
最期に望むことは	○したいことがある
	○会っておきたい人がいる
	○話しておきたいことがある
	○宗教関係者に立ち会って欲しい
	○特にない
	○望むことの具体的な内容・連絡先

（2）臓器提供について

生体の献体は	○希望する
	○希望しない
	○家族に任せる
臓器移植は	○すべての臓器を提供する
	○特定の臓器だけ提供する
	○提供しない
	○家族に任せる
	○ドナー登録している
	カード保管場所

【終末医療と献体】

○**ホスピスとは**……死を真近かに迎えた患者に対する末期治療であるターミナルケアを重点的に行う施設である。患者やその家族が病院や自宅でない場所で励ましあって終末を迎えることで共に過した思い出が残ります。

○**献体とは**……大学の人体解剖学の教育・研究に役立てるために、遺体を無条件・無報酬で提供することです。生前に大学や献体協会に申し込み、登録しておくことが必要です。遺骨が遺族に戻るのに年月を要する場合もありますので、事前にご確認下さい。

○**臓器提供（移植）とは**……「移植でしか治らない人に死後臓器を提供すること」、また「移植でしか治らない人に親族が臓器を提供する」場合をいいます。本人が生前に文書で意思表示をし家族の同意が必要です。臓器提供者は「臓器提供意思表示カード（ドナーカード）」を常に携行しなければなりません。

臓器提供意思表示カード　　厚生労働省・（社）日本臓器移植ネットワーク
ドナー情報用全国共通連絡先　0120-22-0149

(3) 葬儀について　① 葬儀の内容

葬儀は	○する
	○密葬(家族葬)にする
	○しない
	○家族に任せる
葬儀社または互助会との加入契約は	○結んでいる
	葬儀社名及び互助会名
	住　所
	電話番号
	書類の保管場所
	契約内容は
	○結んでいない
葬儀の形式(宗教)は	○仏式葬
	○神式葬
	○キリスト教葬
	寺・神社・教会などの名称
	住所
	電話番号
	代表者
	○無宗教葬
	○その他　自然葬、お別れ会等

【生前予約と生前契約】

　　　自ら葬儀について生前に準備する人が増えています。
1. **生前予約**　自分の葬儀の内容や費用や支払い方法などを決めて予約また契約している。
2. **生前契約**　自分の介護や終末期に対して葬儀自体を自分の意思で受託者と契約すること。

特に身寄りのない人が入院から財産管理、葬儀、埋葬、残務整理と総てにわたり契約する場合もあり、市民団体等受託者の調査が必要です。

通夜の会場は	○斎場
	名称
	住所
	担当者
	○自宅
	○その他
葬儀の会場は	○通夜の会場と同じ
	○通夜の会場と違う
	名称
	住所
	担当者
葬儀の規模は	○盛大に
	○一般的に
	○質素に
	○生前予約（契約）通りに
	○家族に任せる
	○費用の目安は約
喪主と世話役は	○喪主の名前
	○世話役　名前
	住所
	電話番号
	○家族に任せる
会葬の見込み人数は	○家族・親族を中心に出来る限り少人数
	○できるだけ多くの人数
	○家族に任せる

緊急連絡先は	○連絡先のリストあり（p.55、56）	
	○家族に任せる	
法名、戒名は	○準備してある	
	○付けて欲しい　　高位　　普通　　低位	
	戒名代約	
遺影は	○準備してある　　○写真　　○フィルム　　○ビデオ　　○パソコン	
	○保管場所は	
	○家族に任せる	
	○不要	
葬儀費用は	○預貯金より補填　　銀行名	
	○保険金より補填　　保険会社名	
	○家族に任せる	
供花・花輪・香典は	○いただく	
	○辞退する	
	○辞退するが特にいただく方	
	○家族に任せる	
香典返しは	○する	
	○慈善団体に寄付する	
	○しない	
	○家族に任せる	
葬儀の演出法は	○私のプランがある　　（保管場所）	
	○家族に任せる	
弔辞の希望は	○友人　　名前	
	○親類　　名前	
	○家族に任せる	

その他の希望について	○棺に入れて欲しいもの
	○流して欲しい音楽
	○飾って欲しい花
	○会場に展示して欲しい物
	○その他
葬儀後の訃報通知は	○一般的な内容で通知する
	○新聞にも載せる
	○不要
	○家族に任せる
骨壺は	○準備している（保管場所）
	○普通でよい
	○希望あり
埋葬方法は	○すでにある墓に納骨　　場所
	○新しい墓を購入して納骨
	○合祀墓に納骨
	○分骨を希望する　分骨の場所
	○散骨を希望する　散骨の場所
	○その他
	○家族に任せる
法要・供養は	○慣習通りに行う
	○不要
	○家族に任せる
形見分けは	○リストあり（p.57）
	○リストなし
	○家族に任せる

② お墓について

お墓の場所は	○寺院などの墓地
	○民間の霊園墓地
	○公営の墓地
	○その他
	○家族に任せる
お墓の形状は	○伝統的な和式
	○新しい洋式
	○その他
	○家族に任せる
墓碑銘は	○決めている
	○その他
	○家族に任せる
お墓の購入費用は	○準備している
	○保管場所等
	○家族に任せる

【自然葬】

現状日本では、亡くなった方の弔いの方法としては、代々のお墓に入り、その親族が定期的にお参りをして、在りし日を偲ぶことが一般的です。一方、近年ではこれまでの家系を重んじた墓の管理体制が維持しにくくなってきているなどの社会的な要因とともに、自然に戻りたいという思いが増えてきているとも言われています。
自然葬と言えば現在では、"宇宙葬""海上葬""樹木葬"など多様な形があります。
もちろん、亡くなった際の弔い方は、本人の意思及び親族の方々の意思が優先されるべきものですが、社会通念や公序良俗を重んじることも忘れてはなりません。
現行法規の範囲内での自分の葬送の方法を考えておくことも大切なことのように思われます。

(4) もしもの時の連絡先　① 親類等個人

番号	関係	氏　名	住　所・電　話	危篤	通夜	葬儀	備考
1			〒　　　電話 住所				
2							
3							
4							
5							
6							
7							
8							
9							
10							
11			〒　　　電話 住所				
12							
13							
14							
15							

② 所属団体

団体名・役職	
団体の活動内容	
住所・電話・メール	
会員証等の保管場所	
緊急連絡時の担当者	

団体名・役職	
団体の活動内容	
住所・電話・メール	
会員証等の保管場所	
緊急連絡時の担当者	

団体名・役職	
団体の活動内容	
住所・電話・メール	
会員証等の保管場所	
緊急連絡時の担当者	

団体名・役職	
団体の活動内容	
住所・電話・メール	
会員証等の保管場所	
緊急連絡時の担当者	

団体名・役職	
団体の活動内容	
住所・電話・メール	
会員証等の保管場所	
緊急連絡時の担当者	

団体名・役職	
団体の活動内容	
住所・電話・メール	
会員証等の保管場所	
緊急連絡時の担当者	

(5) 形見分けリスト……私の希望

形 見 品 目	保 管 場 所	譲り渡す人	住　　　所

(6) 遺言について　① 相続と贈与

◎相続とは？

相続は死亡した場合、本人が所有していた財産の一切の権利義務を特定の人に継承させること。相続人の範囲は遺言等により財産を受け継ぐ人が決まっている場合以外は、被相続人（亡くなった人）の配偶者、子、直系尊属（父母、祖父母）、兄弟姉妹が民法により相続人となります。

相続について	○遺言で決めている		
	名前	住所	電話
	名前	住所	電話
	○決めていない		

◎贈与とは？

贈与は当事者の一方（贈与者）がある財産を無償で相手方（受贈者）に与える意思表示を行い相手が「頂きます」と受諾することによって契約が成立します。

「死因贈与」は贈与者が死亡することによって効力を発生するものです。「生前贈与」は特別な条件が付いていない限り、契約が成立すると効力が発生します。

贈与について	○生前贈与を決めている		
	名前	住所	電話
	名前	住所	電話
	○死因贈与を決めている		
	名前	住所	電話
	名前	住所	電話
	○決めていない		

相続には「相続税」、生前贈与には「贈与税」が徴収されます。生前から遺産については「いかに節税するか」を考えておくことが相続、贈与を受ける人にとって重要なことであります。

【1．相続税対策のポイント】

①いかに節税するか　　　　②相続人の納税資金は大丈夫か

③後で相続人の間で係争が起こらないか

【2．相続の意思表示】

相続するかしないかは相続人が相続の意思表示をする「相続の承認」と相続拒否を行う「相続放棄」があり、被相続人の一方的な意思で決まらないので円滑な相続を事前によく検討する必要があります。

【3．遺産分割】

①指定分割（遺言で分割方法を定めることを第三者に委託する）

②協議分割(相続人全員の協議による分割)

③家庭裁判所の審判による分割　（遺産分配がまとまらない時、裁判所に分割請求を行い裁定をあおぐ）

【4．生前贈与活用のポイント】

①値上がりが予想される財産から贈与した方が有利であり、値上がり部分は課税されません。

②住宅取得促進を目的とした特例適用(配偶者控除、住宅取得資金特例）の有効活用

※配偶者控除：婚姻期間が20年以上の配偶者に対し、2000万円までが無税

※住宅取得資金：親から子供に対し、550万円まで無税。但し、5年間は子供に対しての基礎控除は受けられなくなります。また、所得や床面積に制限があります。

③「相続開始3年以内の贈与」は相続財産となり、相続税が課税され、「連年贈与」として毎年一定の金額を一定の期間（110万円を10年間贈与等の）の定期金の贈与は一括として贈与税がかかることがあります。

④贈与の履行は書面で確実に証拠として残すことが肝要です。

⑤贈与者は贈与した年の1月1日に満65歳以上の親に限られ、受贈者は贈与を受けた年の1月1日満20歳以上の子である推定相続人であることに留意しなければなりません。

【5．贈与税について】

贈与税は1年間に110万円を越える財産贈与を受けた時、受贈者にかかる国税です。

［(贈与を受けた財産合計額)－(基礎控除110万円)］×税率(10%～50%)＝贈与税

贈与税は基礎控除後の課税価格、相続税は法定相続人の取得金額によって税率は変わりますので金額によって確認が必要です。

② 遺言証書の内容

項　　　目	内　　　　　容
遺言証書の有無	○あり　（該当項目に○印をつけてください） 　　○公正証書遺言 　　○自筆証書遺言 　　○秘密証書遺言 　　○その他 ○なし
遺言証書の保管場所	○正本 ○謄本 ○コピー
遺言証書の作成年月日	年　　　　　月　　　　　日
相続トラブルの仲介者	○いる 　名前 　住所　　　　　　　　　　　　　　　電話 　関係 ○いない
遺言がない場合、相続についての私の希望	○法定相続どおり　配偶者1/2、　子1/2を人数割り 　子がいない場合は配偶者2/3、　父母1/3を人数割り ○その他希望あり

【遺言証書の種類】

①公正証書遺言　遺言したい者が2人以上の証人の立会いで公証人に内容口授して作成

②自筆証書遺言　遺言者が自分で遺言の内容全文と日付を書き、遺言者の署名押印にて作成

③秘密証書遺言　遺言者の自筆、代筆、パソコンでも有効遺言者の署名押印の上作成

※遺言による相続は法定相続に優先します。遺言の作成に当っては遺留分（相続人の最低限の権利）に留意する必要があります。

③ 愛する人へ残す言葉

私からのメッセージです。

_____ さん　へ

_____ さん　へ

_____ さん　へ

_____ さん　へ

_____ さん　へ

5. 財産目録

資産も負債も変動しますので、定期的な見直しが必要です。

（1）資産と負債の合計

年　　月現在

資　産

現　金		千円
流動性預金　　　　　　　　（金融機関の数　　　件）		千円
定期性預金　　　　　　　　（金融機関の数　　　件）		千円
株式　　　　銘柄の数　　件　　合計株数　　　株	時価	千円
国債・投資信託　　　　　　件	時価	千円
土地　　　　物件の数　　件　　合計面積　　　m²	時価	千円
建物　　　　物件の数　　件　　合計面積　　　m²	時価	千円
生命保険　　保険会社数　　件　　死亡保険金		千円
年金保険　　保険会社数　　件　　死亡保険金		千円
傷害保険　　保険会社数　　件　　死亡保険金		千円
ゴルフ・リゾート会員権　　会員権数　　　件	時価	千円
車両　　　　車両の台数　　台	時価	千円
企業年金の積立て遺族一時金（　　年　　月現在）		千円
その他の資産		千円
資産合計		千円

負　債

借入金　　　　　　　　　　（借入先　　　　件）	千円
保証債務　　　　　　　　　（　　　　　　件）	千円
その他の負債	千円
負債合計	千円

差し引き正味財産	千円

(2) 資産…①預貯金

預貯金

◎**流動性預金**　現金化がすぐできる預金（普通預金等）

金融機関名				
預貯金の種類				
口座名義				
口座番号				
預金残高				
使用印鑑				
保管場所				
備考				

◎**定期性預金**　現金化に期限と手続きが必要な預金等

金融機関名				
預貯金の種類				
口座名義				
口座番号				
預金残高				
満期日				
使用印鑑				
保管場所				
備考				

② 株・投資信託等

株

銘柄				
株数				
名義				
預り証番号				
証券会社名				
使用印鑑				
時価				
備考				

国債・投資信託・外貨預金・インターネット証券等

国債 (個人向け国債：満期10年変動金利型。満期5年固定金利型)				
銘柄・期間				
名義				
管理会社				
時価				
投資信託				
銘柄	1.	2.	3.	4.
管理会社				
時価				
外貨預金他				
銘柄	1.	2.	3.	4.
管理会社				
時価				
備考				
書類保管場所				

③ 土地・建物

土地の明細			
所在地			
（謄本通り）			
土地面積			
m²			
名義者			
抵当権設定の内容			
年間固定資産税			
時価			
備考			

建物の明細			
所在地			
建物面積			
m²			
名義者			
抵当権設定の内容			
年間固定資産税			
時価			
謄本権利書の保管場所			

④ 保　険

生命保険・年金保険・傷害保険・地震保険等			
保険の名称と種類			
保険会社名			
電話番号			
担当者名			
証券の保管場所			
契約者名			
被保険者名			
保険料支払方法	自動・振込	自動・振込	自動・振込
年間支払い金額			
払込終了期間	年　月　日	年　月　日	年　月　日
使用印鑑			
保険満期日	年　月　日	年　月　日	年　月　日
満期保険金額			
死亡保険金額			
死亡保険金受取人			
備考			

⑤ 会員権・車両・その他

ゴルフ・リゾート会員権			
ゴルフ・リゾートクラブ名			
所在地			
額面			
名義人			
満期日			
時価（千円）			
会員証保管場所			
備考			

車両			
種類			
年式			
車検日	年　月　日	年　月　日	年　月　日
時価	千円	千円	千円
備考			

企業年金の積み立て一時金の明細			

その他の資産の明細			

(3) 負債

借入金

借入先名				
毎月の返済額				
毎月の返済日				
返済期限	年　月　日	年　月　日	年　月　日	年　月　日
利子（％）				
現在の借入金残高	千円	千円	千円	千円
借入金合計				
備考				

保証債務

債権者名				
債務者名				
現在の保証				
債務の残高	千円	千円	千円	
備考				

その他負債

負債合計				

6.困った時は、ここに相談してみよう

福岡市を中心に電話番号を掲載しています。他地域の場合は、お住まいの市町村窓口またはNTTにご確認の上、「あなたの地域の相談窓口」のスペースにご記入ください。

なお掲載電話番号は2007年度時点です。変更時は再確認ください。

高齢者の総合相談

　　福岡県社会福祉協議会　　　　　　　092-584-3344
　　福岡市社会福祉協議会　　　　　　　092-751-4338
　　福岡県県民相談室　　　　　　　　　092-643-3333
　　福岡市市民相談室　　　　　　　　　092-711-4019

介護保険について

　　福岡市各区の「地域包括支援センター」各区に合計28ヶ所あります
　　福岡市各区役所の福祉・介護保険課

年金や社会保険について

　　ねんきんダイヤル（年金の相談）　0570-05-1165
　　ねんきん特別便　専用ダイヤル　　0570-058-555
　　社会保険庁ホームページ　http://www.sia.go.jp/
　　確実に年金記録を確認される場合は、直接各社会保険事務所にお出かけください。
　　福岡市の場合、東福岡、博多、中福岡、南福岡、西福岡です。

高齢者に対する悪質商法など

　　消費生活センター
　　　　福岡県消費生活センター　　　　092-632-0999
　　　　福岡市消費生活センター　　　　092-781-0999

成年後見制度について

　　成年後見制度推進連絡会　　　　　　092-738-0616
　　福岡家庭裁判所後見センター　　　　092-711-9651
　　福岡県司法書士会　　　　　　　　　092-714-3721
　　成年後見センター・リーガルサポート　092-738-1666
　　福岡県社会福祉士会　　　　　　　　092-483-2944
　　成年後見センター・ぱあとなあ　　　092-483-2941

認知症、援護の必要な高齢者について

　　福岡市各区の保健福祉センター　（各区役所におたずねください）
　　福岡市社会福祉協議会あんしん生活支援センター　092-751-4338

あなたの地域の相談窓口

地域の消費生活センター

成年後見相談窓口

遺言、任意後見契約などの公正証書作成について
 公証人役場
  福岡公証役場   092-741-0310
  博多公証役場   092-400-2560

高齢者・障害者の金銭管理などの相談やボランティア活動など
 福岡県社会福祉協議会   092-584-3344
 福岡市社会福祉協議会   092-751-4338
 福岡県NPO・ボランティアセンター 092-631-4411
 福岡市NPO・ボランテイア交流センター 092-724-4801
 福岡市ボランティアセンター   092-713-0777

女性の悩み（家庭内暴力・人権など）について
 福岡県女性相談所   092-711-9874
 福岡市人権啓発相談室   092-262-8687
 福岡県男女共同参画センター   092-584-1266
 福岡市男女共同参画センター   092-526-3788

法律相談
 福岡県弁護士会（県内19弁護士センター）
  天神弁護士センター   092-741-3208
  博多駅前弁護士センター   092-433-8301
  福岡県民相談室   092-643-3333
  福岡市民相談室   092-711-4019

所得税、相続税、消費税などの税金について
 福岡国税局税務相談室   092-431-5100
 福岡税務署　092-771-1151　西福岡税務署　092-843-6211
 博多税務署　092-641-8131　香椎税務署　092-661-1031

大学公開講座（福岡）
 九州大学（六本松地区庶務係092-726-4513）　箱崎、伊都、大橋各キャンパスにて実施
 福岡大学（エクステンションセンター092-871-6728）
 九州産業大学（総務部学外連携課　092-673-5495）講座毎に問合せ先があります。
 福岡工業大学（エクステンションセンター　092-606-7089）パソコン講座等があります。
 西南学院大学（学外連携推進室　092-823-3248）
 筑紫女学園大学（太宰府市生涯学習課　092-925-9685）
 福岡女学院大学（生涯学習センター092-575-2993）天神サテライト（092-715-2718）
 中村学園大学（学事課　092-851-2513）
 九州情報大学（太宰府市学術研究所　092-928-4000）
 サイバー大学　インターネット講座　0120-948-318
 放送大学　　通信制大学　　　　　043-276-5111
※その他地域の大学に問い合わせるか、ホームページにてご確認ください。

あなたの地域の相談窓口

あとがき

　本書を作成するに当って、大切にしてきましたことは、手に取られて、必要なところから記入された「あなたのノート」が役に立ったと感じていただくことであります。

　新しいシニア世代を迎えられた皆様が、サードエイジにて夢の実現に挑戦され、自分なりの新しい生き方を創造され、フォースエイジにおいて皆様のメッセージを子供達や次世代の方に明確に伝えていくためのノートとなったことと思います。今後も自分らしく生きていくための一助として手元に置いていただき、折りにふれひもといて活用していただければ幸いです。

　発刊に当たりまして、石風社の福元満治様をはじめ、編集ご担当の皆様のご尽力に心よりお礼申し上げます。また九州シニアライフアドバイザー協会会員の本書企画・制作のメンバーの方のご苦労に感謝申し上げます。

シニアライフアドバイザー（SLA）とは

　(財)シニアルネサンス財団が実施する中高年齢者総合生活相談員養成講座を終了し、所定の資格審査に合格したものに付与される資格です。

　シニアライフアドバイザーは、定年退職後や子育てが終わった後に訪れるサードエイジからの人生を、健康で、経済的な合理性をもち、生きがいを創造しながら生きていくことを目指しております。現代の生活において発生する諸問題や将来の課題に対して相談を受けたり、問題や課題の解決のためにアドバイス（助言・忠告）等を行います。平成20年3月末現在、全国で約2,000名、九州地区では約260名の会員が各方面で活躍しております。

＊参考文献　「定年後」(岩波書店)、「定年後大全」(日本経済新聞社) ほか

氏　名　　　　　　　　　・

記入日　　　　年　　　　月　　　　日

輝くサードエイジへ シニア世代の羅針盤

発行日	2008年6月10日初版第1刷発行
	2008年8月1日初版第2刷発行
著　者	九州シニアライフアドバイザー協会
	〒810-0041 福岡市中央区大名2-4-19
	福岡赤坂ビル5F　川邊事務所内
	電話　092（732）0237
発行者	福元　満治
発行所	石　風　社
	〒810-0004 福岡市中央区渡辺通2丁目3番24号
	電　話　092（714）4838
	ファクス　092（725）3440
印　刷	九州チューエツ株式会社
製　本	篠原製本株式会社